pocket book
Desafiando SUA MENTE

DIVERSOS

Pesquisas mostram que exercícios que envolvem atividades cognitivas são fundamentais na prevenção da perda de memória. E melhor do que praticá-los sozinho, é compartilhar esse hábito saudável com os amigos. A coleção Pocket Book, conta com diversos passa tempos em diferentes modalidades e níveis de dificuldade. Cada atividade estimula o raciocínio rápido, atenção focada e memória. Boa diversão!!

1ª Edição

Cotia 2020

PÉ DA LETRA EDITORA E DISTRIBUIDORA

001

```
L Z M J S F L K I G L P
Q H U A Y B I E E C I V
C S H A K B T B N X H A
O Z F A E I G I I S L Á
W U B L B L T M I N A R
Y A O A A A N M K C Y W
E K H T M N I M S O T M
G X V A B Q E X J P L R
N M G J A Q F L A L N L
Q E R S L J K L A R G J
```

ABAIXAR HABITEI
BAMBA JOY
CHÁ LATA
FLANELA MINAR

002

```
Y E D Z M H R J R O L V
J E T K T G X V T R B S
F C N N A D C K Z H O J
L R P C D E Z O I T O M
L N I D O E R E Ç G U D
V L L U T B N D C O B F
B U U H I L R Z N N U M
C Q D L V M P I C P I A
M D K X O D G N U U L P
N S J L X M W B K A K Á
```

ADOTIVO KAKÁ
COÇOU LIBRO
DEZOITO PLÁ
ENCOBRIU ROL

003

5	2			1			3	
	4			6	8	1		
			3					
2				7			9	6
7	3			5				8
					4			
		9	1	3			2	
	7			2			5	1

004

2	5			3			8	
	3			7	8	4		
			2					
3				8			9	4
8	9			2				3
					2			
		2	7	6			3	
	1			4			2	6

005

006

4

007

```
B A M J O F L A T I R V
Ú Q Z X X T E L Á B I O
L E G P P A K W M X N L
G C F Y V S Z H H M M T
A B C T Z A I W P O A C
R L W I B X H I U U L P
A O H N Y L H N X H T A
W N A T G F V U F K A F
I D U E Z Q G A M C D X
Y M G L S L C F D Y O N
```

BLOND
BÚLGARA
INTEL
LÁBIO
LATIR
MALTADO
MAP
VOLT

008

```
V Z V X M T O Y Y T N P
N F B O Q M A Y E U X W
T S E M P T O P V O R C
H C G W U N I E N T E K
N A J Y U D J M W Y P F
A P Q A O N O N P V I C
S E H Y M T G P J A V C
A G E M K P V O B B E E
J A E X P B P R Y R T L
P P C C Q X E P O N E X
```

APEGA
CEO
IMPA
MUDO
PET
PIVETE
POR
UNIENTE

009

	7	8		5				3
	1			7				2
					9		4	
		7			4			
4					5		8	
			7	2			6	
				1				
	5		9		3			6
	2	6				3		

010

	8			6			2	7
			9		4			
7	3							
3								5
	4	6	8			2		
5				6		8		
	5		7	3				
		1	4				8	
2			1			4		

011

012

013

```
H V L C D X Y B H D Y S
H X H S D E Y H B P G N
J Z A S T O N E Q M M I
E Q W I G U L I H E R U
Y X V H Y M S E R E V O
B E S E T F I W T X X U
N C Z Q C X V B U T S S
N R A I P R O F A R F A
M J H X R U M Q Z F B R
V Y I H M W M Y W A P U
```

ABA
DOLE
HEI
LHA
OBTER
PUM
STONE
USAR

014

```
G J N G T Y B R R G X O
R A U S R K G U T B N J
O E L G D A Y I A R O M
S I Q O E M N Q B Q V Z
S P U R P B W I K I I K
E A I J T A V A R K C L
I I E Q H Y D C G O U Y
R C T C K W S O O U B R
O I E H Q X Z Q Q K O Ó
G T L T D R R D S U N I
```

CUBO
DEPTH
GALOPADO
GIBI
GRANIR
GROSSEIRO
QUIET
RÓI

015

								1
			6	9		8		
9			2	8	7	6		
6					8	1	4	7
							9	
					4			
	9	4					3	
		7		2				
8	2		1			4		

016

5		7			1		2	
				5	2			9
4	1		9					
9				1				
		6	4		7	1		
				9				6
				4			3	1
3			1	7				
	4		6			9		8

019

```
V E R M E L H A R O E W
R V W A J G A H T O B D
T E T S C Z S A J H C B
J S J T V Z M W V O T O
L V Q R R R B W V P F X
D C E O A A B C D O X X
U C I X M G G B W E H N
G G I G E G U H J Q S Y
A F I M J P E N X U G O
A H Y F N K A S F K D Y
```

ABC
AFIM
AFIXAR
ENXUGO
MASTRO
VERMELHAR
VOTO
XEPA

020

```
U W X G C C Y Z D M O A
A T U E L G P U H P T T
T V Q O W A G Q Z O P É
E U B H R G W O I N R D
I X J N Y S I D P U C I
A H T S E R I A D A I O
U M V W L C G Q O C W C
T N K D X W K H C Y D L
F Q G U E B Q L K P U A
U V R L O S J Z E T A W
```

ATEIA
IDIOTA
LAW
LOS
OPA
SERIA
TÉDIO
ZETA

021

9		4			5		8	
				3	7			9
8	7		9					
5				9				
		1	5		3	9		
				7				8
					6		1	4
4			7	2				
	8		4			2		3

022

4					7	9		
7	8			1				
			5	4				
	5		4		1	7		6
			6				1	9
	6			7				8
	2						3	4
3		9			6			1
6								

023

024

13

025

```
J R M G H P M C O W Y C
M I K D I R F E Y S X M
X D X U K A U O J F V U
Z J L D T Q D A O B W A
G B D C Á U D O K H C B
A E V R F E V R L T C L
L T R L S L O K B T F U
É E E I Q S Q Q O U O O
T B A Q U E A R E M O S
Z U N Q V Y O R T D D T
```

ABLUI
ABLUO
BAQUEAREMOS
BELFUDO
FOOD
GALÉ
RAQUEL
TERRÁQUEO

026

```
T L Y T M A S P X I B Z
W U E D L W P W B A I A
C B Q E J V D B G U V C
A N U W Q G X L Q J Q P
V R I V G P L É L O U I
K H N M G R Ê U U M A O
A V Q Q Á P E X J C S R
B T B E Q N M X Y Z E V
L R T Q N W K Q E F G N
V V C A C B H S J N P W
```

ÁPEX
BAIA
BET
LÊEM
LÉU
PIOR
QUASE
RUELA

027

					5		8	6
	7		9					
		9			1			
	6				9		5	
	4			3			7	8
7								4
4	3		2	9	8			
6		8					4	3

028

					7		1	9
	7		1					
		8			2			
	3				1		9	
	8			4			7	3
4								5
1	5		3	7	6			
8		2					6	7

031

```
C Y B O R A G O T Z I X
I S T U J A F R A N J A
U O S X B K I I T N H C
C Z N V B E K I Á G U A
M A B M D X R V C C I I
W U M V Y E I Ç M Z P Y
D V M D E Z P F O V R R
R T U H D O M C Y Q X S
I B H R J A S C O F S E
U E P R E X A P O B I R
```

ÁGUA CAI
ANUI COTO
BERÇO FRANJA
BORAGO SER

032

```
D E S A L I N H A M O S
T W Z B E F O F L E V V
N Q W E E F U P D N C I
O N H L L O C N K J K B
C Z H E J W K K J O E Q
K C B G I C L E F A E S
J R Z E O H M B C W Z D
M D L M C L I W L S I P
D O T O M T A B X C Q A
X O D S W D K B A G O K
```

BAGO DPA
BELFO ELEGEMOS
DESALINHAMOS ENJOA
DOO GOL

033

7		6						8
	9		3			6		
			5					3
	8							
			6				7	
6			4	3	8			
		3			9		6	
	4	2				9		
8				4				7

034

		6				7		
4	9	1						
			8					3
					5			2
		7			2		1	
6						3		5
		3		2				
		9		5	1			
	2			9	7			

035

036

037

```
D R Q L I R K A R U D G
E F R Q W U Y D E L X S
N S E J A K C E T X P H
U B F S Y S T T G H S P
N C U I V B R I P T B E
C Y T L N D P N P G T L
I S A R C G H H C N A O
A R R V C Ã E A J G R S
V K T I Z A O M B O T A
A O P Z A S J L B C Y J
```

BOTA — ESFINGE
BULCÃO — PELO
DENUNCIAVA — REFUTAR
DETINHAM — SBT

038

```
D E S D I T O A S Z E F
Q O Z Z Z B F R I T D H
T Z A J I B O Q P E N O
Z Z L Ç V G H U X T N O
R Z B L Ã N F I L Y T S
Q F D E C O A D I O N Z
P R E M C G N U X V D E
Y M E R M E P Q R Y Q G
T U D S I N V U Y B D M
K N N I G U A E A Ç U Q
```

AÇU — DION
ARQUIDUQUE — DOAÇÃO
CNH — FERIU
DESDITO — URB

20

039

.	.	.	3	.	.	.	4	8
.	.	5	9	.	.	1	.	.
.	.	.	5	.	1	.	.	.
.	.	2	.	.	4	6	.	.
.	8	3	1	.	2	.	.	.
.	.	7	.	9	.	.	1	.
.	.	.	4	.	.	.	9	.
5	.	8	.	.	.	.	.	3
.	7	9	.	.	5	.	.	.

040

.	.	.	2	.	.	.	7	3
.	.	9	3	.	.	5	.	.
.	.	.	5	.	8	.	.	.
.	.	1	.	.	4	6	.	.
.	2	6	8	.	5	.	.	.
.	.	7	.	2	.	.	3	.
.	.	.	7	.	.	.	2	.
6	.	2	.	.	.	.	.	1
.	3	4	.	.	2	.	.	.

041

042

043

```
N J D O I Z R O Y A P C
H N Ã D Y J R C K X W J
T N A R T R R G Y G I
A H G K O A U F W E H W
I Q U M T J C L O C A J
A G A P G R W O X G F G
T C D V Z S B E D Z E F
C J N Z A O C O T E P O
R H D M A H I H I W X R
W R S F Q F O Y Y A T X
```

ACODE
ADI
ANÃO
BOIA
CHI
CIO
HAFE
MORRO

044

```
D K T B M V P Y C U B D
H T Z Z A A P Q Z I R C
O N Z A O L R J K A A Q
T W Y I L E A O H G V Q
S H R O B G X I D K A M
L T X N Q O O Q N U T M
H V Q W J Y P L U H E U
R G O E L A Q E T J A Y
I Z E R I H B U R S R P
P Z A B A N E I R O Q L
```

ALGOL
BALAINHA
BRAVATEAR
GOELA
IBOPE
TRIO
VALEGO
ZABANEIRO

045

						1	2	
		4		8	6			
				3			8	6
	1					4	7	
8						5		
	2	3		6				
3	4							
					7			
2			1					5

046

		6			5	3		
			3			5	1	8
5	3			2				6
						1	8	
8				4				2
		4		9	2			1
				6				7
6					7	9		

047

048

25

049

```
C D P Q N B G O J R N U
A A U G G V F N H V R X
V A R O C U I R T T Z J
B V L O W A O N W I T A
S K W H N O B R E B U Q
G U C A Ç A R R X J R Q
T I A E T P A F I T Z W
F N M T X L O X F M E Z
C P Y W I D U Ç K G L E
S W X V W K A I O Y A W
```

CABRIM	NOBRE
CAÇAR	POÇO
CARONA	URZELA
FIO	VILAR

050

```
X G Y C I S M E I O H R
B E H A P Y F G Y T A Q
K M G O A S B Y N D C R
E E F Y O K O D U B H Z
U R K X F Q H X J S J P
D J U A Z H N A C T Z U
V V R X H E F J I P A P
N O J S H S A T Y G Z H
U C F A N Z O C A S D I
E O U N Z G A J P I M L
```

CISMEI	IDH
ENXUDAR	IML
FANZOCA	KEY
GEMER	OCO

051

		1			8			
8		9				2		
	6		4	3				9
	1		5					
4	7						8	5
					1		7	
5				1	4		9	
		3				7		4
			2			6		

052

	7	4		9				
			1		7	5		
				6	4		8	
	8		7			1	9	
			8		3	4		
6				1				
		7				6	5	9
		8		3	1	7		
	2		6					

053

054

055

```
I U W T N Y A E O Z F X
H X Z F Z M T E Z I A X
F V P O Z I R Q N I L T
L I M I M R F R L K S J
U Q C I L H O T A Q O U
E I L G Y Q J S S S N M
M X O C Y T D J Y O H F
D M R W L L D D Z M U G
I V A P G I Á O H A N Z
A C P O L N S S A A O K
```

- DÁS
- DOS
- FALSO
- FLUEM
- HUNO
- ILHOTA
- LIMITE
- ORA

056

```
C A M E I A L E D P N M
M O E P L U P D K Z D J
T M E Y C X D Q T W H E
Z Y O A O S G R F Z F A
U S M E H G G Z V J U D
R H F J O U Q M W V R D
Y V I Ç A R M Z X R N E
U R U Q X V F L S X A L
C B S F E Y X E J E K A
L L M V Q U Q D Z N Q T
```

- AMEIA
- BUÇO
- CUL
- DDD
- ELA
- FEZ
- FURNA
- VIÇAR

057

6			7					4
		9		4		7		
			8	6				2
1		4	9		6		5	
	8					9	4	
		7	3	2	4	1		6
9			4		2			
3				5		6		
	5		6	9	8			

058

4			3					7
		9		8		3		
			9	5				8
5		1	8		3		6	
	3					7	1	
		4	6	1	7	8		3
1			2		9			
6				4		2		
	5		1	7	6			

059

060

31

061

```
J X C P R P H N Z O Y I
C C R D I H H F D K O X
F H I L L P R Í E B H K
V A L V A R O L P G U Q
C D N G N D S C M J F P
S O E K P E S G A H X E
A O M I R L Z J K R Y A
A X T N J A Q K X X K T
X M É G Y Y S V V K C X
Z W T Z R V V F J P M J
```

- AXÉ
- BOI
- DELAY
- DLL
- DOÍDO
- ILL
- PIPOCAR
- VALVAR

062

```
X W D K Z M E H W S M F
L E A L G U R V H C M R
B M I Z L G C W V B X V
H F B B P I O G E L B A
A O S V V D A P A A F N
D R L W W O S I E J C F
J Ç R S A R T S V G B S
N U K C L S H C C V K I
M D E S E N T O R T A R
J O C B L B C G N Q C V
```

- ADJ
- BESTIAL
- DESENTORTAR
- FORÇUDO
- GELBA
- HON
- LEAL
- MUGIDO

063

6			1					3
		2		4		5		
			5	8				2
8		4	6		9		3	
	9					4	1	
		1	4	7	8	6		9
2			3		4			
9				5		2		
	1		7	6	2			

064

6	2				1	7		4
		1						
	4		8				1	
		2			6			7
1				9				5
4			7			6		
	8				2		4	
						8		
9		6	4				3	2

067

```
A B U R D A Y X T L Q V
L D H M E O W Ó X P Q R
J P M L S M D R Q F F D
A H D B F B I F O X D I
Z M B S A U C Ã M V K D
A R Z P Ç N A O G Q E D
R S V I A E R Q Y F J R
V C N D B V E V Y Q K O
V A L M L E T J L I J X
L F M Z S Y A X F T W O
```

- ADM
- ALJAZAR
- CARETA
- DESFAÇA
- LAN
- NEVE
- ÓRFÃO
- ROXO

068

```
M U G R J M J M M O A J
P C N G I D Z O M B A R
L A X L O H D I Q Q N H
X A A P E Z S Z P H K X
D W J T Y S U E O N H V
C T A G Í Y E M A L Z Z
M Z L V U K S M U D T B
Z A A G H B O P U L N E
H R D Q A R P V U Q T B
B M V F A Z O P Z H P A
```

- ADV
- AJA
- BEBA
- BRAVÍSSIMO
- ESOPO
- MULTA
- ROMA
- ZOMBAR

069

			4				1	
					5		2	
2		1					4	8
5				8	6			9
		4	9		7			5
	6					2		
		9	5		8			4
		5	6			1		

070

				3	2			
		7	5	6				
		3				8	1	
			2					6
1	2						7	3
4					9			
	9	4				3		
				2	8	5		
			9	7				

071

072

073

S	H	C	H	H	Ô	X	C	N	G	C	G
J	G	Y	Q	P	N	M	T	W	M	S	A
Z	M	W	U	O	I	U	U	O	V	C	V
G	Z	J	F	A	B	A	F	A	D	O	I
B	Q	T	C	B	U	R	I	L	A	R	Ã
T	U	H	U	J	S	Z	R	Z	E	M	O
H	U	M	N	G	Z	Z	C	Y	A	O	D
B	T	E	Y	R	H	I	F	S	W	N	P
J	S	Ç	F	H	Y	B	M	C	F	G	Ó
Y	K	O	Q	K	D	V	W	P	O	E	S

ABAFADO MONGE
BURILAR ÔNIBUS
GAVIÃO PÓS
MEÇO UAU

074

J	G	L	I	S	T	P	L	U	R	T	L
T	B	N	J	H	D	Q	R	V	Z	V	D
T	E	F	J	R	A	I	R	Z	O	Ô	N
A	J	B	X	E	L	S	D	C	O	L	N
J	S	L	W	H	J	C	K	I	N	E	W
N	C	B	Z	A	C	A	I	G	O	I	B
I	W	H	Z	D	M	Z	M	P	K	M	N
Q	R	E	L	E	T	T	E	R	I	Z	A
K	U	Z	L	M	F	E	O	L	T	O	V
N	G	C	H	I	V	L	F	R	O	S	O

ELI NUEZA
IDIOMA OSO
ISCA TEL
LETTER VÔLEI

075

				2	5			
		2	1	3				
		3				2	1	
			6					3
9	6						2	1
3					8			
	2	9				1		
				6	1	3		
			4	7				

076

				9	2		6	7
		5	1				8	9
8			5			2		
					7			8
7			3		8			5
3			4					
		7			5			6
4		3			6	9		
5	6		9	3				

40

079

```
E G C M E R I D I A N A
W H E C Z W R Z M U Q Q
Z O Y W P A F J W L N K
W B L U L I F C T J C Y
Q P T I M A P O R T A R
J T R L S D K R G K H F
C T Z D C S C G A U L P
N C M E Z C P O G T E O
B D Z J I G S U Y I A I
E H I V R I C P G M B S
```

AFOGUEI
APORTAR
LSD
MERIDIANA
POIS
PRATA
TRILAR
ZIR

080

```
C V M Z C I T O U W P Q
C A B E L E I R E I R O
N L T L Z G S N B N E Q
H U E I Z D W N B T P O
R I Q C V C M R X E O R
P I B V Z A V A N N L D
N P F V V N R Q Y S L I
F E T W S S S T D O O A
I N X Y H A Z A Q W J N
H X N R W R T K I H N A
```

CABELEIREIRO
CANSAR
CATIVAR
CITOU
DIANA
INTENSO
PIEL
REPOLLO

081

		6		5		4	9	
			1	7				
	9	5		6				3
9	7			2				
						9		
			3			1		4
	5	4						
	2					8		1
1					7			

082

		4			3		5	
			1		4			
							2	
			7		5			8
		9				7		
8			9		6	3		4
	5	7		1	9			
9				3				
	8			6			4	

43

085

```
V X J N H C U I N V S B
S T J Q V S U T I S S O
F I D C R B M J L O N P
U T D U A X B J P P U A
W Q U F I C W R F R Y C
Q P P K S A H L J O O X
M U R I O A M U E U H T
F O R A L Y O A R A R Q
K N Z H D M D B H T P O
H T U F A O F I R B S Z
```

- ARAR
- CACHU
- FORA
- ISSO
- PRADO
- SOLDA
- SOPROU
- TUFA

086

```
O X L X D S V A M T J Q
Y I Z A N A B O L I R I
R X I L Y A W B F N I G
P D C W D E D U S T D N
C O Ô Q X J L V V I M Í
T M M R Y Q R P I M O F
A N P I A D G A D M A U
M T U H D J M G A D D G
G H T W I E S O M M A O
V L O B E U O I T U Y T
```

- ABOLIR
- ADVIM
- CÔMPUTO
- DAY
- IDE
- IGNÍFUGO
- TINTIM
- VIDA

087

		3		2			9	
	4							
7					9			5
		8	7	1			2	
			2		4			
	6			3	5	4		
6			5					2
							8	
	9			8		3		

088

		3		7			2	
	9							
5					8			3
		9	3	5			6	
			8		6			
	8			9	4	3		
8			2					7
							8	
	5			8		1		

089

090

46

091

```
C L U O J I Y D X X N B
O M T F E P K D V G P Z
M U D L P G L Ú T E O H
P W D D L H B A B B G I
A J D L E I Z H G Q I R
R I J D O N L I W A L N
A Q F T E X K B P D R E
D Q K A E D X A C I S O
O R E W W U P A F A I Y
J I R I B E P Z C S N N
```

ADIAS
CASE
COMPARADO
DUE
GLÚTEO
LAGAR
PAPA
SIN

092

```
T L Z Z T R E B Q R T F
S B B B U Y G U A E Z S
O B P S O N Z I D M O A
S S G E N Z T Z O P S G
O M Q E N F O T P A R Ü
O G O S K W S D B Y X I
A M V T K S B X K P O P
V S O Á Z X T E R Ç O V
D E S B L O Q U E A V A
C O N F R O N T A V A M
```

CONFRONTAVAM
DESBLOQUEAVA
ESTÁ
NGB
OMO
SAGÜI
TERÇO
TRE

47

093

		8		1			9	
	1							
2					4			1
		6	4	7			2	
			8		9			
	7			3	6	9		
6			9					2
							7	
	8			2		3		

094

	1				8	2		9
2								
		5		1			8	
				7		9	3	1
3	7							4
5								8
9					4	5	7	
		7	6	3		4		
			9					

095

096

49

097

```
N C C Q E P T Y S N Z I
T A A O I U Z M D J D X
Q I I H N A H P D H E J
K O R V C E M E J K T V
S X F B L J R F C R E C
R V R A V N E Y R J D A
O A V V M U N D H O U S
V T S O Q A W D S C C C
E N W E B T F F D Q K O
B U D P O X B U R Y S S
```

BURY
CAIR
CASCOS
DEQUE
DUCKS
FAMA
FROCO
NEY

098

```
T C K B B S S X D Y I S
T C Z L Z P W I U A Y A
N O T R J R O H N O D Z
Q S S Z V H D J B U C O
M K C Z M Z P S E L S E
E Z P S T V I L E Z A S
X N B A I X M W J I L H
Q T D U S C R T C R E I
T B S B N P V E Z P W P
N L A F F X K D T Q Q S
```

AFF
AZO
BOYS
DADO
PAS
SHIPS
SINUS
VILEZA

099

		2	6	9	8		5	
3				7		6		4
9	7				5		2	1
		1	7		3	4	8	
	2	4	5		9	1		
4	3		2				1	8
6		9		1				5
	1		9	8	7	3		

100

		9	7	8	5		2	
5				2		7		8
7	8				4		1	3
		6	3		9	2	7	
	5	1	8		7	3		
1	7		5				3	2
4		3		7				6
	2		9	3	1	4		

101

102

103

```
M N E E E W Y A I L I S
Y S B T S I B L P A Q A
E D I J R G U R E V G B
Q F S G C Q C K O B Á O
K M P A A U I W Z O L T
R N A K Q R N V T X A O
A E L K F I A O S B T E
I R Z I Y M G P N P A I
O P A N X S N H É E E K
W G J X E A M D Q R F H
```

- ABOTOEI
- BISPAL
- BUCINA
- ESGOTO
- GÁLATA
- IGARAPÉ
- LIS
- PHD

104

```
J S X M B R V X H U X X
G Z B R P V M S K O Q E
V H O S A N A A R L V V
P G J Y O M P B Z E H T
A E M G K E Z Ã L O I D
O P R M I L D O E V K A
C L X E N T S U M T L M
N E L Q K E J N M L F U
E O V Q Z D L W Ó J M E
C R E V I V A L I S M O
```

- COLEI
- HOSANA
- LEVE
- MELTED
- MPB
- NÓS
- REVIVALISMO
- SABÃO

53

105

					2	9		
1					9	2		8
5					1	7	4	
							6	
				4		8		3
7			9		3			
4	6							1
		7		1	5			
	1							9

106

	1			8				
		7		6		1		
9	8	3	4	7				
		9			5	7		2
	2							
			6					5
	6			3				9
1		8					4	
4		2			8			

107

108

55

109

```
G R A T I F I C A Ç Ã O
G N S X O O F U Y H U L
W X E V Y R E C I B C O
I J Y L O N Y N O D A R
E M L C V A G S R D P I
X K T M K L K Q R I U S
F R E Ô U H A P Y A Z A
S G G I V A L P J O Ô R
B I D Z P C X W A C K A
G Z J D G O G O X K M Y
```

- CAPUZ
- CÔA
- FORNALHA
- GIGÔ
- GIZ
- GRATIFICAÇÃO
- LAPA
- OLORISAR

110

```
I M F W W E I J K N T M
D C N P I Q L X A S B V
T E I C E G D L E E C I
G S E U C L E Q A F Z R
M M D M M Q E S A Q E Ó
M N Z N Y O N V U F E L
T E N M B Q V D L S R O
P L C C Y I J O T O H G
R H C X B I G C O D I O
F K B M V C A A I H S N
```

- BIGA
- ELAN
- FEL
- GOLFE
- HIS
- JAEZ
- PELE
- VIRÓLOGO

111

			9	8			6	5
4			7					
				6	4			
						9		
		8	3	1				
	4	3						
9	7				8	1		4
	8		5			6	9	
	3		4			5	7	

112

	7	8						
3		9		4				
							6	4
9				6				
		5	9					
		3		2		4		
					5	1	3	8
		4		3	1		5	2
			8					

114

113

115

```
I E O A E C M K H E E W
H E A L G K M L L G D H
K X E E F E T N O Y W A
X D V L I L C F A V V U
J R E L I P T G C X H G
V I A W R N I K N H S U
H G X A A V Q H X L Ê S
O C L K N J F E Q I H T
G D H X H O X E R P R S
M U L L O A J C I U L J
```

- AGE
- AUGUST
- DEL
- FOGE
- LAR
- LÊS
- RANHO
- XER

116

```
B F B I F F F T F Y X S
I C H O C U U I A Q K B
C M A H N I N R N Q C T
H O G C X O C A P P V R
A A R F T B M Q I J K A
R N I L I V E I U U D Ç
G I D L J D C W A A Q O
Z L O F W D C Y L Q L L
B H N O E T O I U C P E
V V N Q S R C A C B C I
```

- AGRIDO
- BICHAR
- BONOMIA
- CILADA
- DOA
- FUNAI
- LEI
- TRAÇO

117

4								
					4	1	3	5
			1	2			6	
		5		3		8		1
	3		7		2		5	
8		2		4		7		
	5			9	8			
6	9	1	2					
								9

118

9			3		2	4		
	8	5						
6							2	
			1		9			
		6				7		
3	4		6				5	
7	2			8	1			
				3				
8	5	3	2	9				

119

120

121

```
L J O Q M M H G C H A I
T Y H G Y I K P B H L M
I F Z X T L C O L U M E
G Z G Q A Z O X S G A O
H L R Y O D S W S N T W
C X M E I O F H B Q A U
J E J M M I R O U E É J
C U E Z Q G Q P B C N S
W G Z O C U I W O T P E
H W J K Q U N V N E R U
```

- BENE
- BUBO
- CÉU
- CPU
- GEMIDO
- LUME
- MATA
- MEIO

122

```
A L V P T D T L I A F Y
S U I T P H I F K S L C
S X N L J L Q V Y S A P
O X O E S T E F R Z F W
M I L P F L U R O E L O
A W G E R V R I N T U H
R Q I U I N V E R S O W
S F M Y Z S W N P N M T
M A C O V A R D A R D Y
S B U L A S X S Z Q J H
```

- ACOVARDAR
- ASSOMAR
- FLAFLU
- FRIENDS
- INVERSO
- LIA
- OESTE
- PSL

123

		8	6					
3	2				7			
	4			1				
	7			2		4	3	
8	9							2
	1			3			7	8
			5	7	3			
							5	1
7								

124

7	5				6			
			5					
	9			1			3	2
		8					1	9
1								8
2	6					4		
3	4			8			9	
					2			
			6				5	4

63

125

126

127

```
D I I B Z M O Z U J R U
G G I R E N T O W S A N
A G X B K W C K K R E C
T K M U M W A O K N R J
M X O U D U N A I F F U
C H A V Y M O V I E E K
C X D Q H O K P P O L C
N G Y Z R U U G X G K P
Q B F Z V R N N W Q W E
B A O K H O O O Q I D Z
```

AGI
AIO
DUNA
GIRENTO

IBM
MOURO
MOVIE
PEZ

128

```
K R W V D G M V T V W O
J Y L C D E O A L Ô H D
O G U C Õ Z D D H V L P
M Y E P C E H Q V O Y J
N Q M M H U J J Y C S M
E O A F C L X A C H A R
C Y U D I S W Q L M H M
U N H I M P C M O E R R
U T S B A T E R I A A M
U F G E I T G B U T D A
```

ACHAR
ALÔ
ARM
BATERIA

CAM
COMPÕEM
GOD
JALEA

129

								5
9			8		4			
	6	5			1		8	
				4		5		
	9		2					4
7				9		1		
					5	4		
	3	8						
				7		2	6	

130

		9					3	
5						7		
8	4	3				9		
			7	2	5			
				8				
2		7			3		6	
7	5					8		2
			9			3		5
				1				

131

132

133

```
I G M I X M K U U D X Y
O R Y O C V F W T V B F
N P H U R A D B J A U T
I G L T W A P N X E E L
Z N E I S G L U T A N T
A B S Q O P K E T K O V
R Q H I Y S L N G U R G
S N U C D E W U B Z I O
F D E I M E G A G R J T
I U F O T Q A N S O N H
```

BUENO　　MIX
DEI　　MORAL
IONIZAR　　NUA
LUTA　　OMELETE

134

```
Z H I S E Y M B X I N J
Y Y R D G P A D O O Z H
H X W V C O B Q I I K I
U O S B A T U A R I A L
X Q C A U D A X E M A Q
T X H U U M V N C Í B I
P R F T P H R E U H M A
V P I J Y A L R R V L L
Z P I P N F D E V T W Y
A B Y A É N R O C D E O
```

ADVERTE　　OCUPADO
ATUARIAL　　PIA
CAUDA　　RUÍA
OAB　　TRIPÉ

135

			7					4
		1		5				6
7				2		8		
	9					6		7
8			5					
	6			7		1		
		5						
		2		4	9	3		
	1							9

136

4			2					
							7	6
	9						4	5
6	8			5				
2			4					
			7	3				1
			3	4	7		8	
5			1					
					5		3	

137

138

139

```
R N L W P Q O A A H A X
V L T X Z N L W S K M Q
J U P J Z X J K B X F R
G Q F T B O D A A X A E
N U L M B O I L C T W P
F J F M G L Z L I G A R
J I A K O S M B A C V E
J B S H C W A R O O I S
N S A R O O G B Q S S A
M Á L I C O X W E Z O R
```

AVISO LIGAR
BACIA MÁLICO
BAMBO REPRESAR
COABITAR SABE

140

```
C Q Y Y V I L P G Z A A
A G J G K J X G B A T G
N F C S P Z S G U N O X
I O S Z B I N E E X Z S
N Y K J P C J T W G R H
O W S Á H H I L T O N C
D R L Z E O T V M N A V
Z E F H I E C Z K I N G
M U L T I B U L B O S O
D E S C O N T R A Í D O
```

ATO LÁPIS
CANINO MULTIBULBOSO
DESCONTRAÍDO NAN
HILTON OITENTA

141

		2					3	
		8	2					1
		7		4	6	8	9	
1				9	8			
3			5					
	9				7		8	
	6				9			3
		3		6			2	4

142

2								
9		4		3		7		8
8					9			3
7				1		9		4
	4	1	9			8		
								7
3	9	6		2	8			
	8					5		2
			6					

143

144

145

```
C A P E N G A R E M O S
T O U L U E E J Q I D W
P N M L R U Z G G Y I J
G N R E Z X N C A T A U
K G N S N L Z A A Q D O
F C N A L T X T V E O K
E B D R N H O D O F R K
L V T W O L Y U H B U N
G F Q E O R U X S L U N
M B E B E R R O N I A Z
```

- BEBERRONIA
- BOLOTA
- CAPENGAREMOS
- COMENTOU
- LESAR
- LUN
- ODIADO
- WEB

146

```
Z H P N O F T K X E W Y
R A R U Y V P B V J U L
L G V H P O A J Y D I B
V L S Q L B R R M T B D
O U S A K E E M A C O L
V R B Z J G E B A Ç I J
K A G A A O N R S J Ã Y
R F R I L A D R Ã O L O
Q A G N S A G E R O U L
N A C M Q A G K K T N É
```

- ABALO
- AGIA
- AGR
- GEROU
- HAGLURA
- LADRÃO
- OLÉ
- VARAÇÃO

147

9			2		3			
8				7				3
	1	3			5		4	
4			7	1			2	
	2						7	
	5			4	2			9
	8		1			5	3	
2				5				4
			6		7			1

148

		6	5					3
	5							6
7					1	2		
4					8	9		
		3	1		7			2
		5		4	2		8	
6	4	9		2				1
		7	3					

149

150

151

```
P K É D E N O D K A A V
C O M P R A Z E R I A M
L A I M P P T T B Y V O
I B Q O V Q L J G R J W
N O T S M J K Q U Z C F
J M N R O U K X G S F A
P I H L A I A L G T S T
X N V I N N C I M E C I
Z A J W A U O E K N C A
R R Z S R H T W O Q V N
```

ABOMINAR	ÉDEN
AIA	FATIA
BIPE	MOANA
COMPRAZERIAM	NOW

152

```
Z K W X X G D S F N V G
R M Q P P H A V E O B S
C U L I N Á R I A U C I
Z E X R Z W K J N V W N
X L D U S O R E B I F G
C D U Á R E X E S R N T
D E M V T A C X Q O U N
Y O O W T S D B U F M A
X C Í Z D Z G O N T A C
V L S A Z B T E R H F O
```

CULINÁRIA	OUVIR
DOÍA	PIRUÁ
DOR	SING
NACO	USO

153

7		5		9				
6								4
		8				1	9	
			4		3	7	1	
5			2			4		
			7				8	5
			5	1	6		3	
	3				2		4	

154

1	9	8			7			
2					6			
		7	8			5		
	2						1	
5		3				8		9
		6			2		7	
7		2				4	8	
			7		3			
	5				8	1		

155

156

79

157

```
T L Z C R U C I A L D F
N Z L B E Z T X X N T E
V Á R Z E A A P E P D S
U E D B X X B O L S O T
X T I F I S N U G C C I
I D H X B C E I S G D M
Q I H T I H G T M X F O
V M C M R K A P T J E U
J K Y R C N R V M X J X
U Z U Y I U P F Q H Y U
```

- ABNEGAR
- BOLSO
- CRI
- CRUCIAL
- END
- ESTIMOU
- REEXIBIR
- VÁRZEA

158

```
Q X A Q H P R V K Z H N
J H M E Y O Y G F E U U
Y U S T L T V P C E L T
T M K O Q L Y Y A R D R
Z O D L M L O F B T F I
E R S W A O G O P V I R
E X P I A R F S T H R M
R R C Q D I B E I E E H
D Y I S L P R L S H A H
D E M A I T Q A Z X L T
```

- DOLOR
- ERI
- EXPIAR
- HUMOR
- NUTRIR
- PATIM
- REAL
- SELA

159

	1						5	3
			4					1
8				1		2	7	
		1		9	6		8	
	5	9				6	4	
	8		2	4		1		
	6	8		7				4
7					3			
3	9						1	

160

	1	6		7				
			8			2		
	3	5	6					
	2		9			3		8
		4		1		9		
7		9			8		4	
					5	4	1	
		2			3			
				9		5	2	

161

162

RESPOSTAS

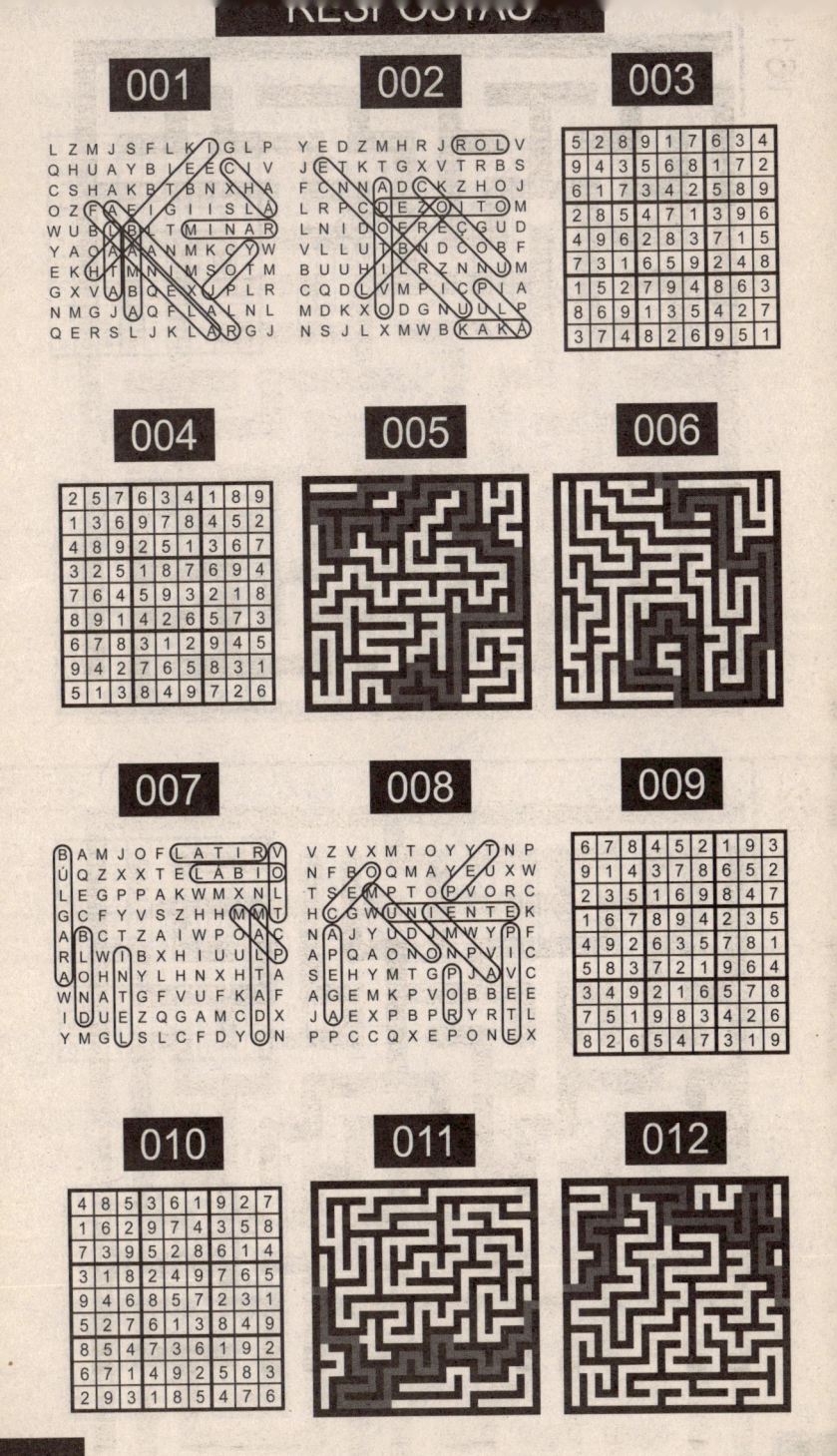

001
(word search grid)

002
(word search grid)

003
5	2	8	9	1	7	6	3	4
9	4	3	5	6	8	1	7	2
6	1	7	3	4	2	5	8	9
2	8	5	4	7	1	3	9	6
4	9	6	2	8	3	7	1	5
7	3	1	6	5	9	2	4	8
1	5	2	7	9	4	8	6	3
8	6	9	1	3	5	4	2	7
3	7	4	8	2	6	9	5	1

004
2	5	7	6	3	4	1	8	9
1	3	6	9	7	8	4	5	2
4	8	9	2	5	1	3	6	7
3	2	5	1	8	7	6	9	4
7	6	4	5	9	3	2	1	8
8	9	1	4	2	6	5	7	3
6	7	8	3	1	2	9	4	5
9	4	2	7	6	5	8	3	1
5	1	3	8	4	9	7	2	6

005
(maze)

006
(maze)

007
(word search grid)

008
(word search grid)

009
6	7	8	4	5	2	1	9	3
9	1	4	3	7	8	6	5	2
2	3	5	1	6	9	8	4	7
1	6	7	8	9	4	2	3	5
4	9	2	6	3	5	7	8	1
5	8	3	7	2	1	9	6	4
3	4	9	2	1	6	5	7	8
7	5	1	9	8	3	4	2	6
8	2	6	5	4	7	3	1	9

010
4	8	5	3	6	1	9	2	7
1	6	2	9	7	4	3	5	8
7	3	9	5	2	8	6	1	4
3	1	8	2	4	9	7	6	5
9	4	6	8	5	7	2	3	1
5	2	7	6	1	3	8	4	9
8	5	4	7	3	6	1	9	2
6	7	1	4	9	2	5	8	3
2	9	3	1	8	5	4	7	6

011
(maze)

012
(maze)

013

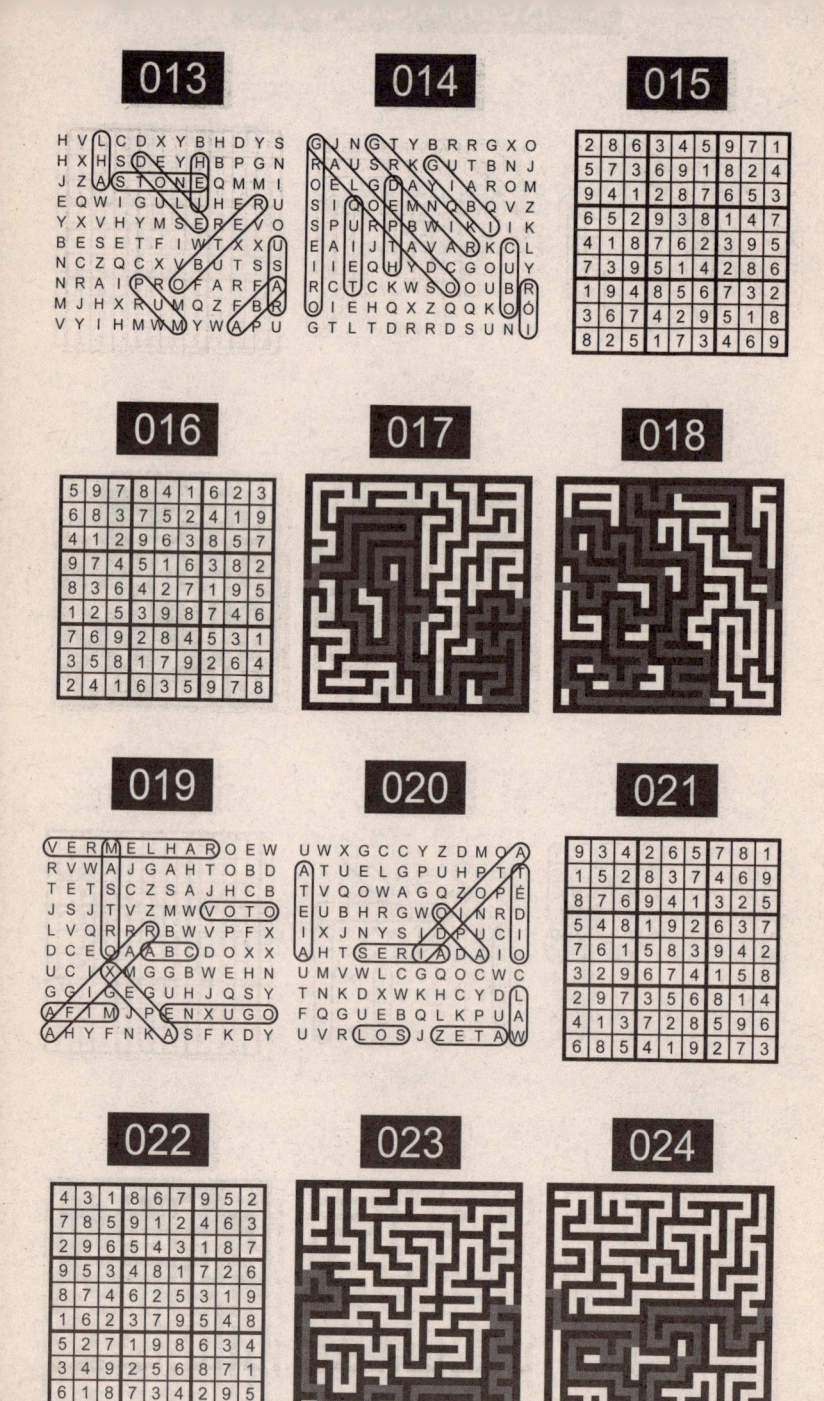

```
H V L C D X Y B H D Y S
H X H S D E Y H B P G N
J Z A S T O N E Q M M I
E Q W I G U L I H E R U
Y X V H Y M S E R E V O
B E S E T F I W T X X I
N C Z Q C X V B U T S S
N R A I P R O F A R F A
M J H X R U M Q Z F B R
V Y I H M W M Y W A P U
```

014

```
G J N G T Y B R R G X O
R A U S R K G U T B N J
O E L G D A Y I A R O M
S I Q O E M N O N K O Z
S P U R P B W I K I I K
E A I J T A V A R K C L
I I E Q H Y D C G O U Y
R C T C K W S O O U B R
O I E H Q X Z Q Q K O O
G T L T D R R D S U N I
```

015

2	8	6	3	4	5	9	7	1
5	7	3	6	9	1	8	2	4
9	4	1	2	8	7	6	5	3
6	5	2	9	3	8	1	4	7
4	1	8	7	6	2	3	9	5
7	3	9	5	1	4	2	8	6
1	9	4	8	5	6	7	3	2
3	6	7	4	2	9	5	1	8
8	2	5	1	7	3	4	6	9

016

5	9	7	8	4	1	6	2	3
6	8	3	7	5	2	4	1	9
4	1	2	9	6	3	8	5	7
9	7	4	5	1	6	3	8	2
8	3	6	4	2	7	1	9	5
1	2	5	3	9	8	7	4	6
7	6	9	2	8	4	5	3	1
3	5	8	1	7	9	2	6	4
2	4	1	6	3	5	9	7	8

017

018

019

```
V E R M E L H A R O E W
R V W A J G A H T O B D
T E T S C Z S A J H C B
J S J T V Z M W V O T O
L V Q R R R B W V P F X
D C E O A A B C D O X X
U C I X M G G B W E H N
G G I G E G U H J Q S Y
A F I M J P E N X U G O
A H Y F N K A S F K D Y
```

020

```
U W X G C C Y Z D M O A
A T U E L G P U H P T I
T V Q O W A G Q Z O P E
E U B H R G W O I N R D
X J K J N Y S I D P U C I
A H T S E R I A D A I O
U M V W L C G Q O C W C
T N K D X W K H C Y D L
F Q G U E B Q L K P U A
U V R L O S J Z E T A W
```

021

9	3	4	2	6	5	7	8	1
1	5	2	8	3	7	4	6	9
8	7	6	9	4	1	3	2	5
5	4	8	1	9	2	6	3	7
7	6	1	5	8	3	9	4	2
3	2	9	6	7	4	1	5	8
2	9	7	3	5	6	8	1	4
4	1	3	7	2	8	5	9	6
6	8	5	4	1	9	2	7	3

022

4	3	1	8	6	7	9	5	2
7	8	5	9	1	2	4	6	3
2	9	6	5	4	3	1	8	7
9	5	3	4	8	1	7	2	6
8	7	4	6	2	5	3	1	9
1	6	2	3	7	9	5	4	8
5	2	7	1	9	8	6	3	4
3	4	9	2	5	6	8	7	1
6	1	8	7	3	4	2	9	5

023

024

025

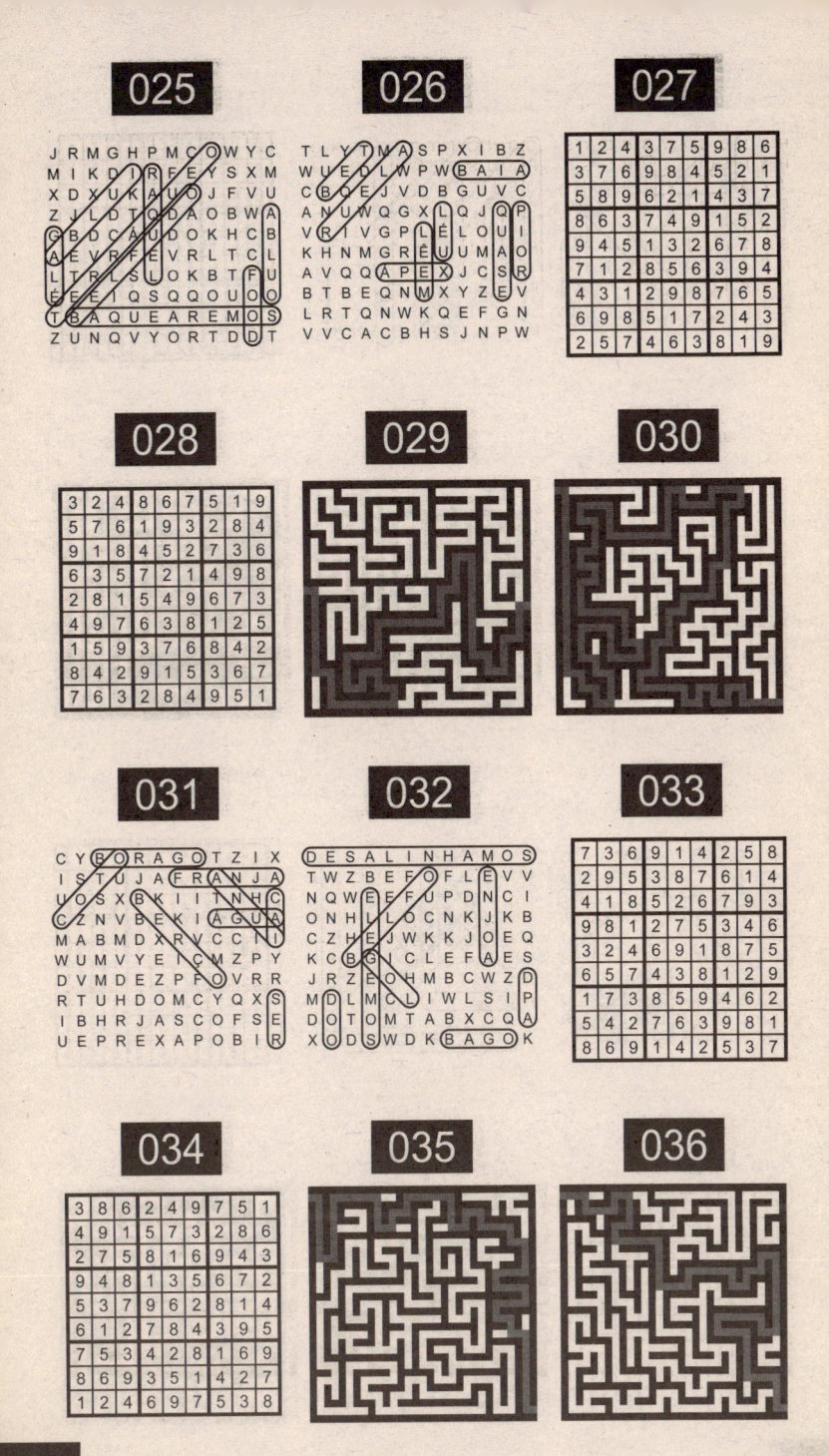

```
J R M G H P M C O W Y C
M I K D I R F E Y S X M
X D X U K A U O J F V U
Z L J D T C D A O B W A
G B D C A U D O K H C B
A E V R F E V R L T C L
L T R L S U O K B T F U
E E E I Q S Q Q O U O O
T B A Q U E A R E M O S
Z U N Q V Y O R T D D T
```

026

```
T L Y T M A S P X I B Z
W U E D L W P W B A I A
C B O E J V D B G U V C
A N U W Q G X L Q J O P
V R I V G P L E L O U A
K H N M G R E U M A I O
A V Q Q A P E X J C S R
B T B E Q N M X Y Z E V
L R T Q N W K Q E F G N
V V C A C B H S J N P W
```

027

1	2	4	3	7	5	9	8	6
3	7	6	9	8	4	5	2	1
5	8	9	6	2	1	4	3	7
8	6	3	7	4	9	1	5	2
9	4	5	1	3	2	6	7	8
7	1	2	8	5	6	3	9	4
4	3	1	2	9	8	7	6	5
6	9	8	5	1	7	2	4	3
2	5	7	4	6	3	8	1	9

028

3	2	4	8	6	7	5	1	9
5	7	6	1	9	3	2	8	4
9	1	8	4	5	2	7	3	6
6	3	5	7	2	1	4	9	8
2	8	1	5	4	9	6	7	3
4	9	7	6	3	8	1	2	5
1	5	9	3	7	6	8	4	2
8	4	2	9	1	5	3	6	7
7	6	3	2	8	4	9	5	1

031

```
C Y B O R A G O T Z I X
I S T U J A F R A N J A
U O S X B K I I T N H C
C Z N V B E K I A G U A
M A B M D X R V C C I I
W U M V Y E I C M Z Y P
D V M D E Z P F O V R R
R T U H D O M C Y Q X S
I B H R J A S C O F S E
U E P R E X A P O B I R
```

032

```
D E S A L I N H A M O S
T W Z B E F O F L E V O
N Q W E E F U P D N C I
O N H I L O C N K J K B
C Z H E J W K K J O E Q
K C B G I C L E F A E S
J R Z E O H M B C W Z D
M D L M C L I W L S I P
D O T O M T A B X C Q A
X O D S W D K B A G O K
```

033

7	3	6	9	1	4	2	5	8
2	9	5	3	8	7	6	1	4
4	1	8	5	2	6	7	9	3
9	8	1	2	7	5	3	4	6
3	2	4	6	9	1	8	7	5
6	5	7	4	3	8	1	2	9
1	7	3	8	5	9	4	6	2
5	4	2	7	6	3	9	8	1
8	6	9	1	4	2	5	3	7

034

3	8	6	2	4	9	7	5	1
4	9	1	5	7	3	2	8	6
2	7	5	8	1	6	9	4	3
9	4	8	1	3	5	6	7	2
5	3	7	9	6	2	8	1	4
6	1	2	7	8	4	3	9	5
7	5	3	4	2	8	1	6	9
8	6	9	3	5	1	4	2	7
1	2	4	6	9	7	5	3	8

037

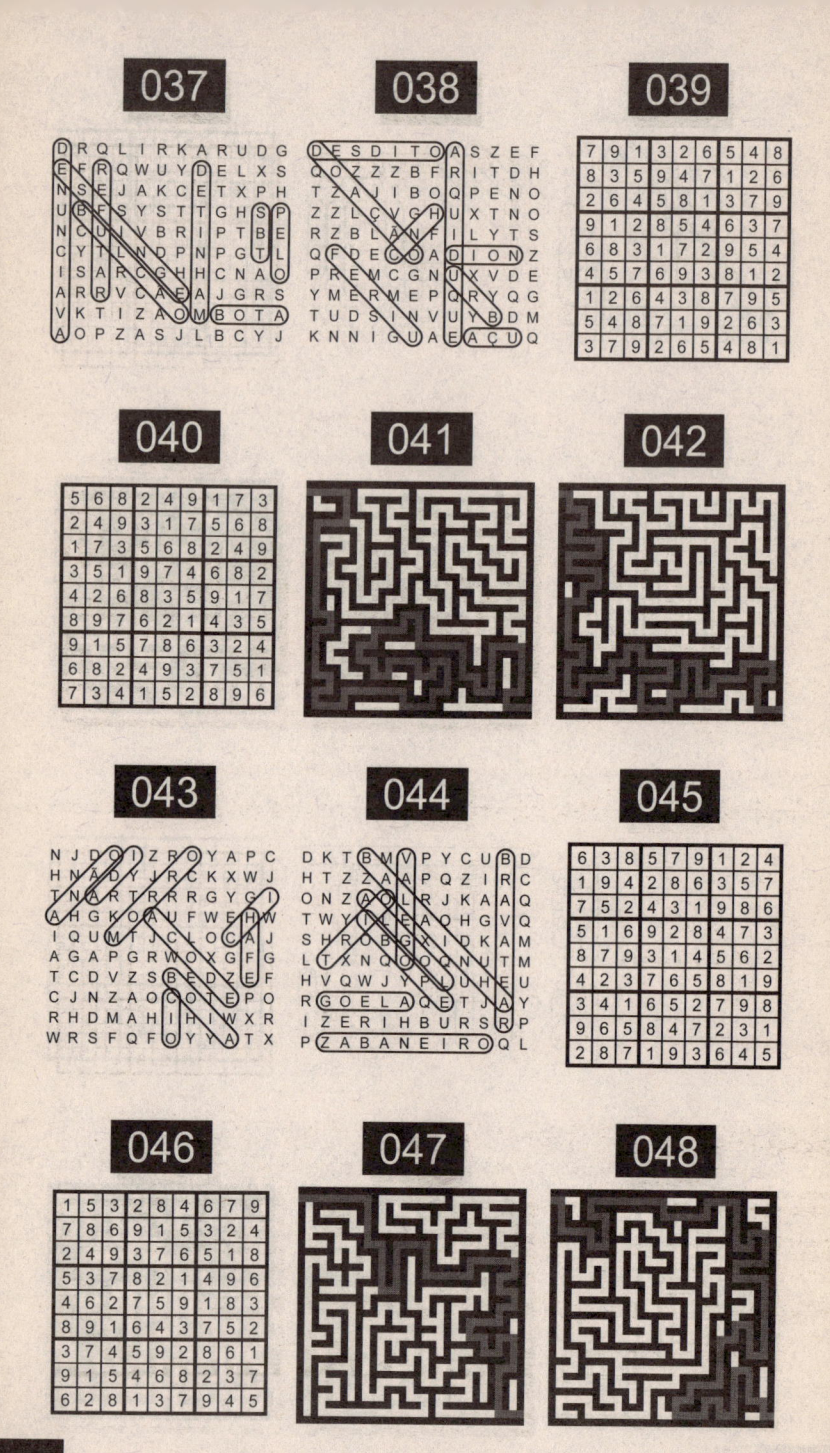

```
D R Q L I R K A R U D G
E F R Q W U Y D E L X S
N S E J A K C E T X P H
U C U V S Y S T T G H S P
C Y T L N D P N P G T L
I S A R C G H H C N A O
A R R V C A E A J G R S
V K T I Z A O M B O T A
A O P Z A S J L B C Y J
```

038

```
D E S D I T O A S Z E F
Q O Z Z Z B F R I T D H
T Z A J I B O Q P E N O
Z Z L C V G H U X T N O
R Z B L A N F I L Y T S
Q F D E C O A D I O N Z
P R E M C G N U X V D E
Y M E R M E P Q R Y Q G
T U D S I N V U Y B D M
K N N I G U A E A C U Q
```

039

7	9	1	3	2	6	5	4	8
8	3	5	9	4	7	1	2	6
2	6	4	5	8	1	3	7	9
9	1	2	8	5	4	6	3	7
6	8	3	1	7	2	9	5	4
4	5	7	6	9	3	8	1	2
1	2	6	4	3	8	7	9	5
5	4	8	7	1	9	2	6	3
3	7	9	2	6	5	4	8	1

040

5	6	8	2	4	9	1	7	3
2	4	9	3	1	7	5	6	8
1	7	3	5	6	8	2	4	9
3	5	1	9	7	4	6	8	2
4	2	6	8	3	5	9	1	7
8	9	7	6	2	1	4	3	5
9	1	5	7	8	6	3	2	4
6	8	2	4	9	3	7	5	1
7	3	4	1	5	2	8	9	6

041

042

043

```
N J D O I Z R O Y A P C
H N A D Y J R C K X W J
T N A R T R R G Y G I
A H G K O A U F W E H W
I Q U M T J C L O C A J
A G A P G R W O X G F G
T C D V Z S B E D Z E F
C J N Z A O C O T E P O
R H D M A H I H I W X R
W R S F Q F O Y Y A T X
```

044

```
D K T B M V P Y C U B D
H T Z Z A A P Q Z I R C
O N Z A O L R J K A A Q
T W Y N E A O H G V Q
S H R O B G X D K A M
L T X N Q O O Q N U T
H V Q W J Y P J U H E U
R G O E L A Q E T J A Y
I Z E R I H B U R S R P
P Z A B A N E I R O Q L
```

045

6	3	8	5	7	9	1	2	4
1	9	4	2	8	6	3	5	7
7	5	2	4	3	1	9	8	6
5	1	6	9	2	8	4	7	3
8	7	9	3	1	4	5	6	2
4	2	3	7	6	5	8	1	9
3	4	1	6	5	2	7	9	8
9	6	5	8	4	7	2	3	1
2	8	7	1	9	3	6	4	5

046

1	5	3	2	8	4	6	7	9
7	8	6	9	1	5	3	2	4
2	4	9	3	7	6	5	1	8
5	3	7	8	2	1	4	9	6
4	6	2	7	5	9	1	8	3
8	9	1	6	4	3	7	5	2
3	7	4	5	9	2	8	6	1
9	1	5	4	6	8	2	3	7
6	2	8	1	3	7	9	4	5

047

048

049

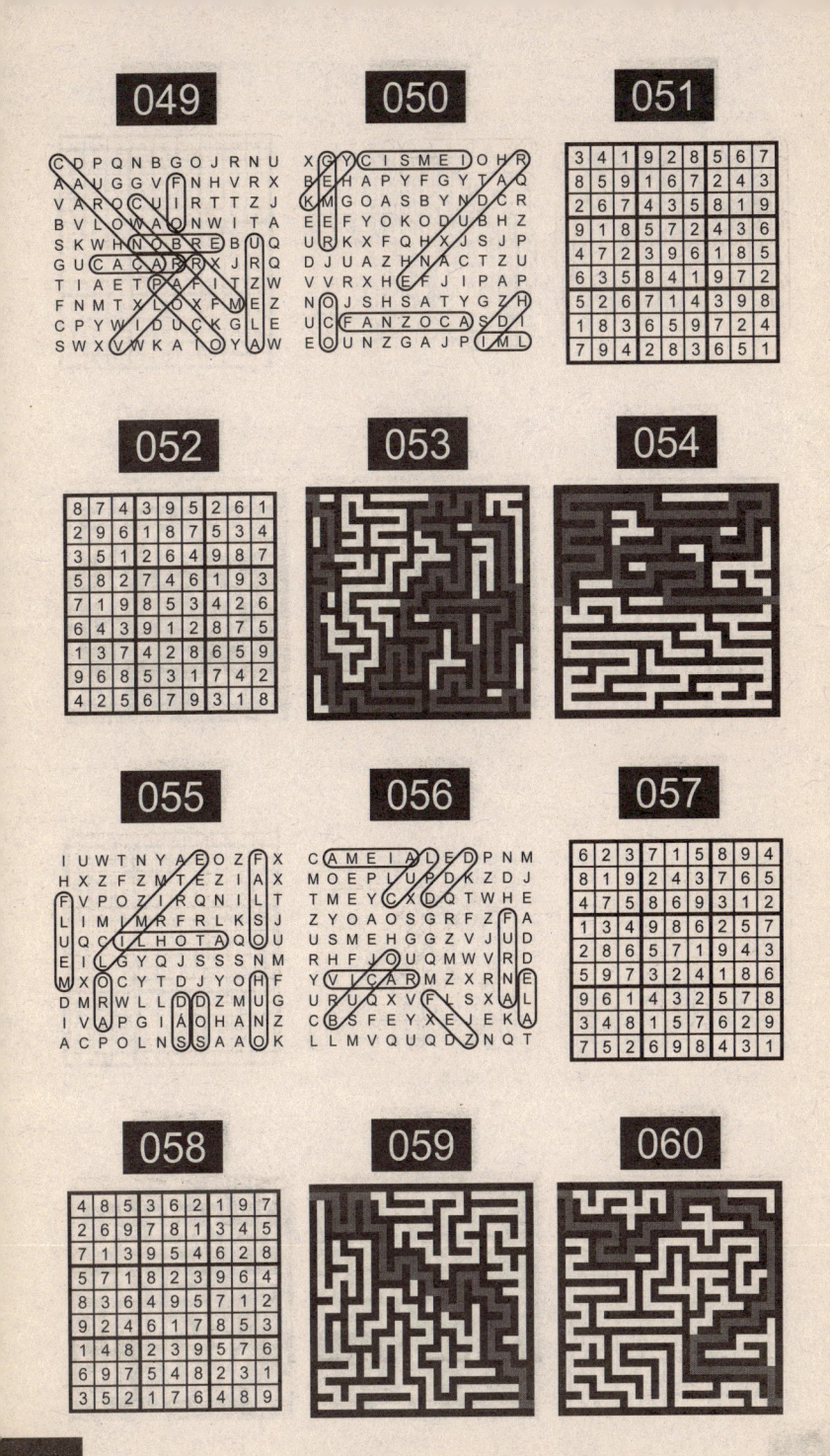

```
C D P Q N B G O J R N U
A A U G G V F N H V R X
V A R O C U I R T T Z J
B V L O W A O N W I T A
S K W H N O B R E B U Q
G U C A C A R R X J R Q
T I A E T P A F I T Z M
F N M T X L O X F M E Z
C P Y W I D U C K G L E
S W X V W K A I O Y A W
```

050

```
X G Y C I S M E I O H R
B E H A P Y F G Y T A Q
K M G O A S B Y N D C R
E E F Y O K O D U B H Z
U R K X F Q H X J S J P
D J U A Z H N A C T Z U
V V R X H E F J I P A P
N O J S H S A T Y G Z H
U C F A N Z O C A S D I
E O U N Z G A J P I M L
```

051

3	4	1	9	2	8	5	6	7
8	5	9	1	6	7	2	4	3
2	6	7	4	3	5	8	1	9
9	1	8	5	7	2	4	3	6
4	7	2	3	9	6	1	8	5
6	3	5	8	4	1	9	7	2
5	2	6	7	1	4	3	9	8
1	8	3	6	5	9	7	2	4
7	9	4	2	8	3	6	5	1

052

8	7	4	3	9	5	2	6	1
2	9	6	1	8	7	5	3	4
3	5	1	2	6	4	9	8	7
5	8	2	7	4	6	1	9	3
7	1	9	8	5	3	4	2	6
6	4	3	9	1	2	8	7	5
1	3	7	4	2	8	6	5	9
9	6	8	5	3	1	7	4	2
4	2	5	6	7	9	3	1	8

055

```
I U W T N Y A E O Z F X
H X Z F Z M T E Z I A X
F V P O Z I R Q N I L T
L I M I M R F R L K S J
U Q C I L H O T A Q O U
E I L G Y Q J S S S N M
M X O C Y T D J Y O H F
D M R W L L D D Z M U G
I V A P G I A O H A N Z
A C P O L N S S A A O K
```

056

```
C A M E I A L E D P N M
M O E P L U P D K Z D J
T M E Y C X D Q T W H E
Z Y O A O S G R F Z F A
U S M E H G G Z V J U D
R H F J O U Q M W V R D
V V R X H E F J M Z X R N E
U R U Q X V F L S X A L
C B S F E Y X E J E K A
L L M V Q U Q D Z N Q T
```

057

6	2	3	7	1	5	8	9	4
8	1	9	2	4	3	7	6	5
4	7	5	8	6	9	3	1	2
1	3	4	9	8	6	2	5	7
2	8	6	5	7	1	9	4	3
5	9	7	3	2	4	1	8	6
9	6	1	4	3	2	5	7	8
3	4	8	1	5	7	6	2	9
7	5	2	6	9	8	4	3	1

058

4	8	5	3	6	2	1	9	7
2	6	9	7	8	1	3	4	5
7	1	3	9	5	4	6	2	8
5	7	1	8	2	3	9	6	4
8	3	6	4	2	9	5	7	1
9	2	4	1	7	5	8	3	2
1	4	8	2	3	9	7	5	6
6	9	7	5	4	8	2	3	1
3	5	2	1	7	6	4	8	9

87

061

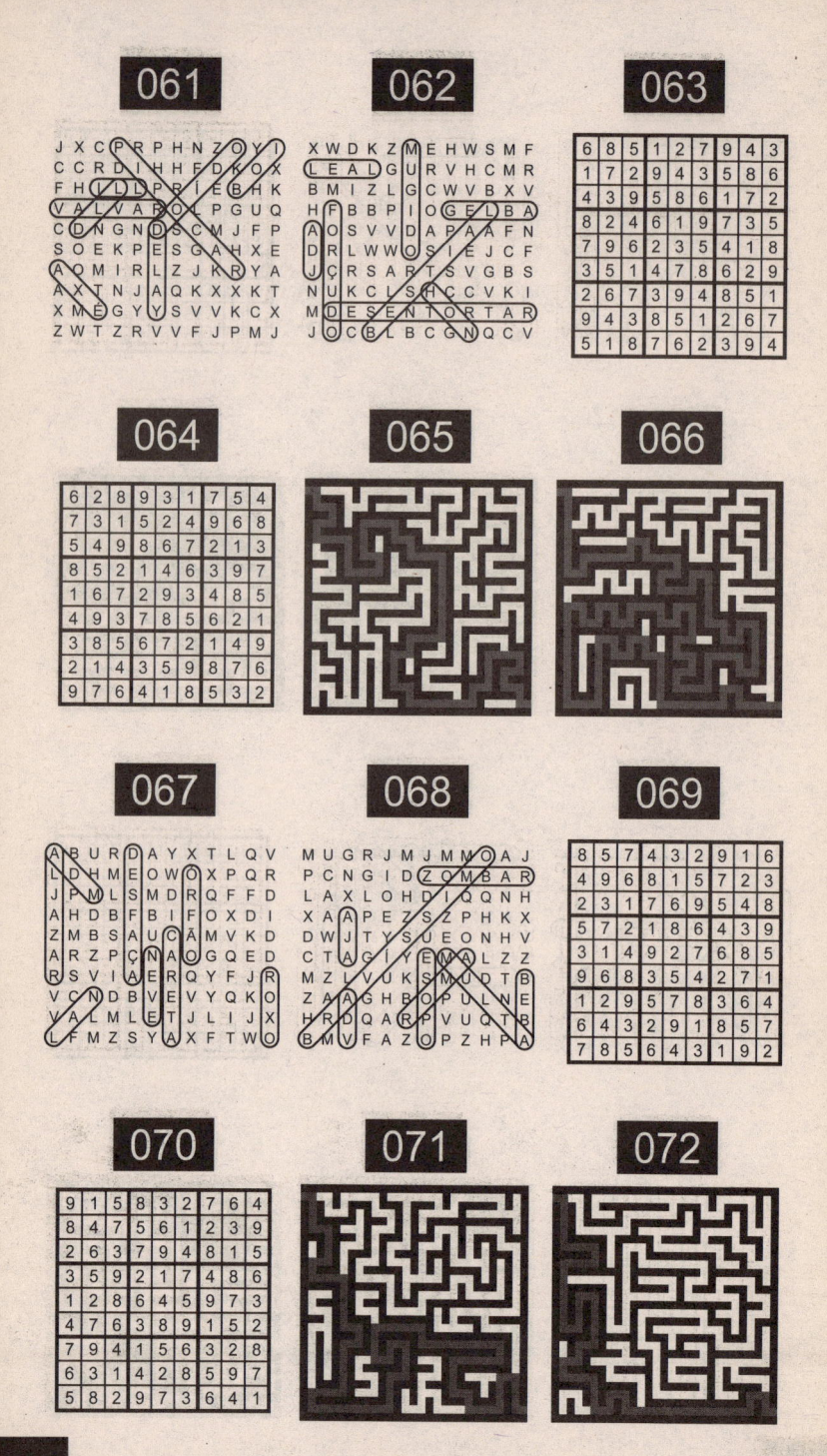

```
J X C P R P H N Z O Y I
C C R D I H H F D K O X
F H V D L P R I E B H K
V A L V A R O L P G U Q
C D N G N D S C M J F P
S O E K P E S G A H X E
A O M I R L Z J K R Y A
A X T N J A Q K X X K T
X M E G Y Y S V V K C X
Z W T Z R V V F J P M J
```

062

```
X W D K Z M E H W S M F
B R I O I H H L G U R V
B M I Z L G C W V B X V
H F B B P I O G E L B A
A O S V V D A P A A F N
D R L W W O S I E J C F
J C R S A R T S V G B S
N U K C L S H C C V K I
M D E S E N T O R T A R
J O C B L B C G N Q C V
```

063

6	8	5	1	2	7	9	4	3
1	7	2	9	4	3	5	8	6
4	3	9	5	8	6	1	7	2
8	2	4	6	1	9	7	3	5
7	9	6	2	3	5	4	1	8
3	5	1	4	7	8	6	2	9
2	6	7	3	9	4	8	5	1
9	4	3	8	5	1	2	6	7
5	1	8	7	6	2	3	9	4

064

6	2	8	9	3	1	7	5	4
7	3	1	5	2	4	9	6	8
5	4	9	8	6	7	2	1	3
8	5	2	1	4	6	3	9	7
1	6	7	2	9	3	4	8	5
4	9	3	7	8	5	6	2	1
3	8	5	6	7	2	1	4	9
2	1	4	3	5	9	8	7	6
9	7	6	4	1	8	5	3	2

065

066

067

```
A B U R D A Y X T L Q V
L D H M E O W O X P Q R
J P M L S M D R Q F F D
A H D B F B I F O X D I
Z M B S A U C A M V K D
A R Z P C N A O G Q E D
R S V I A E R Q Y F J R
V C N D B V E Y Q K O
V A L M L E T J L I J X
L F M Z S Y A X F T W O
```

068

```
M U G R J M J M M O A J
P C N G I D Z O M B A R
L A X L O H D I Q Q N H
X A A P E Z S Z P H K X
D W J T Y S U E O N H V
C T A G I Y E M A L Z Z
M Z L U K S M U D T B
Z A A G H B O P U L N E
H R D Q A R P V U Q T B
B M V F A Z O P Z H P A
```

069

8	5	7	4	3	2	9	1	6
4	9	6	8	1	5	7	2	3
2	3	1	7	6	9	5	4	8
5	7	2	1	8	6	4	3	9
3	1	4	9	2	7	6	8	5
9	6	8	3	5	4	2	7	1
1	2	9	5	7	8	3	6	4
6	4	3	2	9	1	8	5	7
7	8	5	6	4	3	1	9	2

070

9	1	5	8	3	2	7	6	4
8	4	7	5	6	1	2	3	9
2	6	3	7	9	4	8	1	5
3	5	9	2	1	7	4	8	6
1	2	8	6	4	5	9	7	3
4	7	6	3	8	9	1	5	2
7	9	4	1	5	6	3	2	8
6	3	1	4	2	8	5	9	7
5	8	2	9	7	3	6	4	1

071

072

073

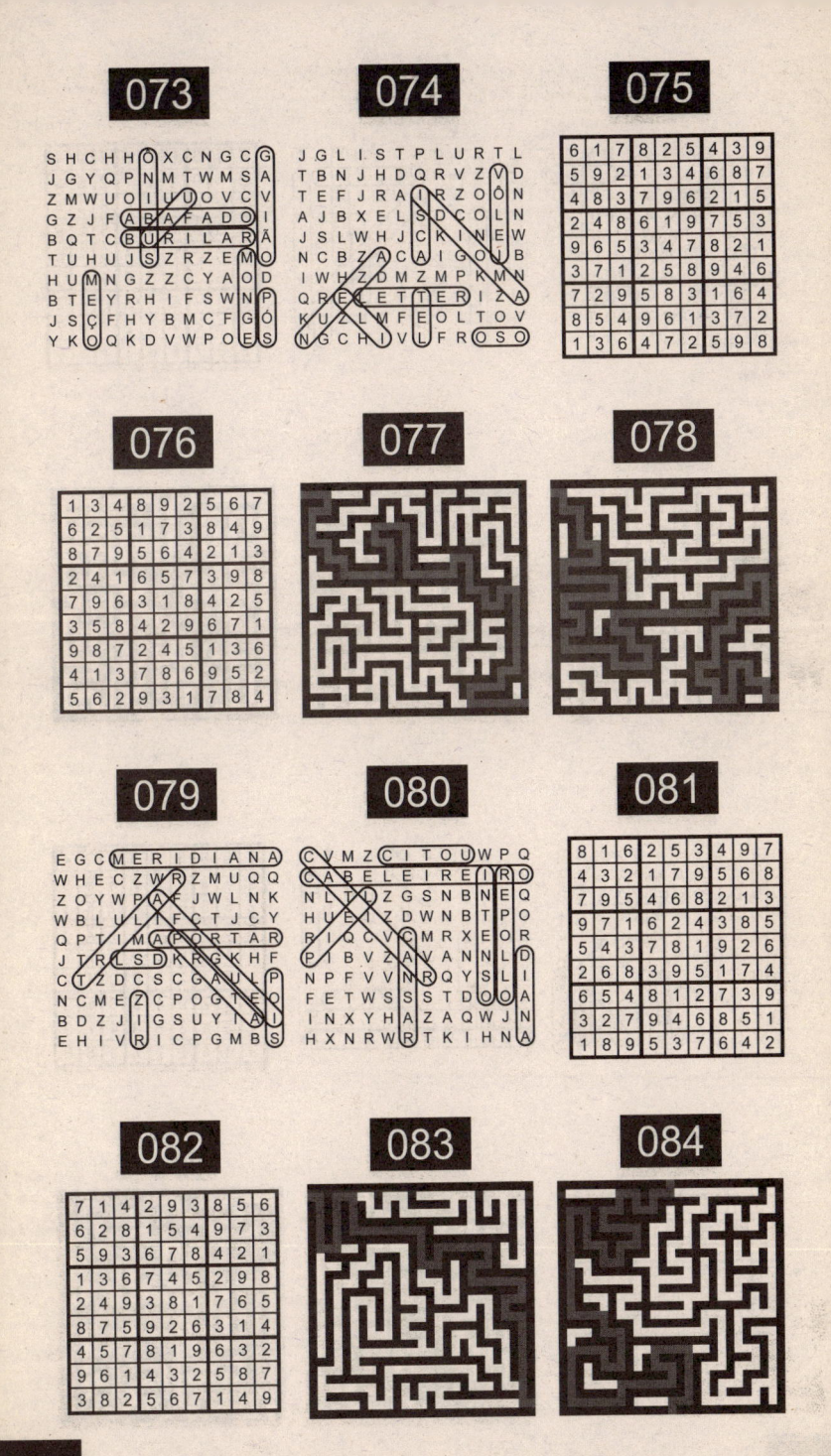

```
S H C H H O X C N G C G
J G Y Q P N M T W M S A
Z M W U O I U O V C V
G Z J F A B A F A D O I
B Q T C B U R I L A R Ã
T U H U J S Z R Z E M O
H U M N G Z C Y A O D
B T E Y R H I F S W N P
J S Ç F H Y B M C F G Ó
Y K Q K D V W P O E S
```

074

```
J G L I S T P L U R T L
T B N J H D Q R V Z V D
T E F J R A I R Z O Ö N
A J B X E L S D C O L N
J S L W H J C K I N E W
N C B Z A C A I G O U B
I W H Z D M Z M P K M N
Q R E L E T T E R I Z A
K U Z L M F E O L T O V
N G C H I V L F R O S O
```

075

6	1	7	8	2	5	4	3	9
5	9	2	1	3	4	6	8	7
4	8	3	7	9	6	2	1	5
2	4	8	6	1	9	7	5	3
9	6	5	3	4	7	8	2	1
3	7	1	2	5	8	9	4	6
7	2	9	5	8	3	1	6	4
8	5	4	9	6	1	3	7	2
1	3	6	4	7	2	5	9	8

076

1	3	4	8	9	2	5	6	7
6	2	5	1	7	3	8	4	9
8	7	9	5	6	4	2	1	3
2	4	1	6	5	7	3	9	8
7	9	6	3	1	8	4	2	5
3	5	8	4	2	9	6	7	1
9	8	7	2	4	5	1	3	6
4	1	3	7	8	6	9	5	2
5	6	2	9	3	1	7	8	4

079

```
E G C M E R I D I A N A
W H E C Z W R Z M U Q Q
Z O Y W P A E J W L N K
W B L U L I F C T J C Y
Q P T I M A P O R T A R
J T R L S D K R G K H F
C T Z D C S C G A U L P
N C M E Z C P O G T E Q
B D Z J I G S U Y I A I
E H I V R I C P G M B S
```

080

```
C V M Z C I T O U W P Q
C A B E L E I R E I R O
N L T L Z G S N B N E Q
H U E I Z D W N B T P O
R I Q C V C M R X E O R
P I B V Z A V A N N L I
N P F V V N R Q Y S L I
F E T W S S S T D O O A
I N X Y H A Z A Q W J N
H X N R W R T K I H N A
```

081

8	1	6	2	5	3	4	9	7
4	3	2	1	7	9	5	6	8
7	9	5	4	6	8	2	1	3
9	7	1	6	2	4	3	8	5
5	4	3	7	8	1	9	2	6
2	6	8	3	9	5	1	7	4
6	5	4	8	1	2	7	3	9
3	2	7	9	4	6	8	5	1
1	8	9	5	3	7	6	4	2

082

7	1	4	2	9	3	8	5	6
6	2	8	1	5	4	9	7	3
5	9	3	6	7	8	4	2	1
1	3	6	7	4	5	2	9	8
2	4	9	3	8	1	7	6	5
8	7	5	9	2	6	3	1	4
4	5	7	8	1	9	6	3	2
9	6	1	4	3	2	5	8	7
3	8	2	5	6	7	1	4	9

085

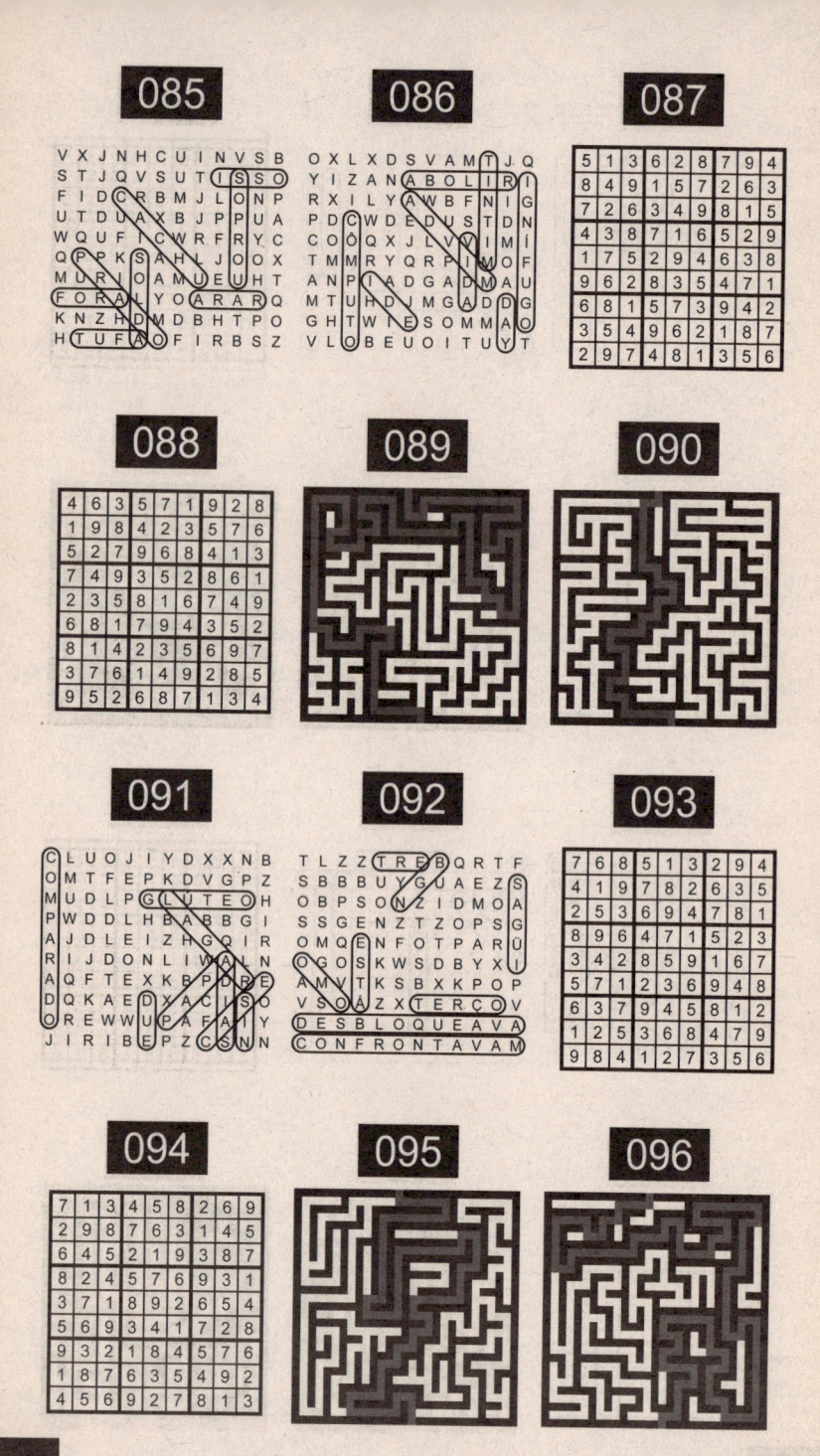

```
V X J N H C U I N V S B
S T J Q V S U T I S S O
F I D C R B M J L O N P
U T D U A X B J P P U A
W Q U F C W R F R Y C
Q P P K S A H L J O O X
M U R I O A M U E U H T
F O R A L Y O A R A R Q
K N Z H D M D B H T P O
H T U F A O F I R B S Z
```

086

```
O X L X D S V A M T J Q
Y I Z A N A B O L I R I
R X I L Y A W B F N I G
P D C W D E D U S T D N
C O O Q X J L V V I M O
T M M R Y Q R P I M O F
A N P I A D G A D M A U
M T U H D I M G A D D G
G H T W I E S O M M A O
V L O B E U O I T U Y T
```

087

5	1	3	6	2	8	7	9	4
8	4	9	1	5	7	2	6	3
7	2	6	3	4	9	8	1	5
4	3	8	7	1	6	5	2	9
1	7	5	2	9	4	6	3	8
9	6	2	8	3	5	4	7	1
6	8	1	5	7	3	9	4	2
3	5	4	9	6	2	1	8	7
2	9	7	4	8	1	3	5	6

088

4	6	3	5	7	1	9	2	8
1	9	8	4	2	3	5	7	6
5	2	7	9	6	8	4	1	3
7	4	9	3	5	2	8	6	1
2	3	5	8	1	6	7	4	9
6	8	1	7	9	4	3	5	2
8	1	4	2	3	5	6	9	7
3	7	6	1	4	9	2	8	5
9	5	2	6	8	7	1	3	4

091

```
C L U O J I Y D X X N B
O M T F E P K D V G P Z
M U D L P G L U T E O H
P W D D L H B A B B G I
A J D L E I Z H G Q I R
R I J D O N L I W A L N
A Q F T L S V K B P D R
D Q K A E D X A C I S O
O R E W W U P A F A I Y
J I R I B E P Z C S N N
```

092

```
T L Z Z T R E B Q R T F
S B B B U Y G U A E Z S
O B P S O N Z I D M O A
S S G E N Z T Z O P S G
O M Q E N F O T P A R Ü
O G O S K W S D B Y X I
A M V T K S B X K P O P
V S O A Z X T E R Ç O V
D E S B L O Q U E A V A
C O N F R O N T A V A M
```

093

7	6	8	5	1	3	2	9	4
4	1	9	7	8	2	6	3	5
2	5	3	6	9	4	7	8	1
8	9	6	4	7	1	5	2	3
3	4	2	8	5	9	1	6	7
5	7	1	2	3	6	9	4	8
6	3	7	9	4	5	8	1	2
1	2	5	3	6	8	4	7	9
9	8	4	1	2	7	3	5	6

094

7	1	3	4	5	8	2	6	9
2	9	8	7	6	3	1	4	5
6	4	5	2	1	9	3	8	7
8	2	4	5	7	6	9	3	1
3	7	1	8	9	2	6	5	4
5	6	9	3	4	1	7	2	8
9	3	2	1	8	4	5	7	6
1	8	7	6	3	5	4	9	2
4	5	6	9	2	7	8	1	3

097

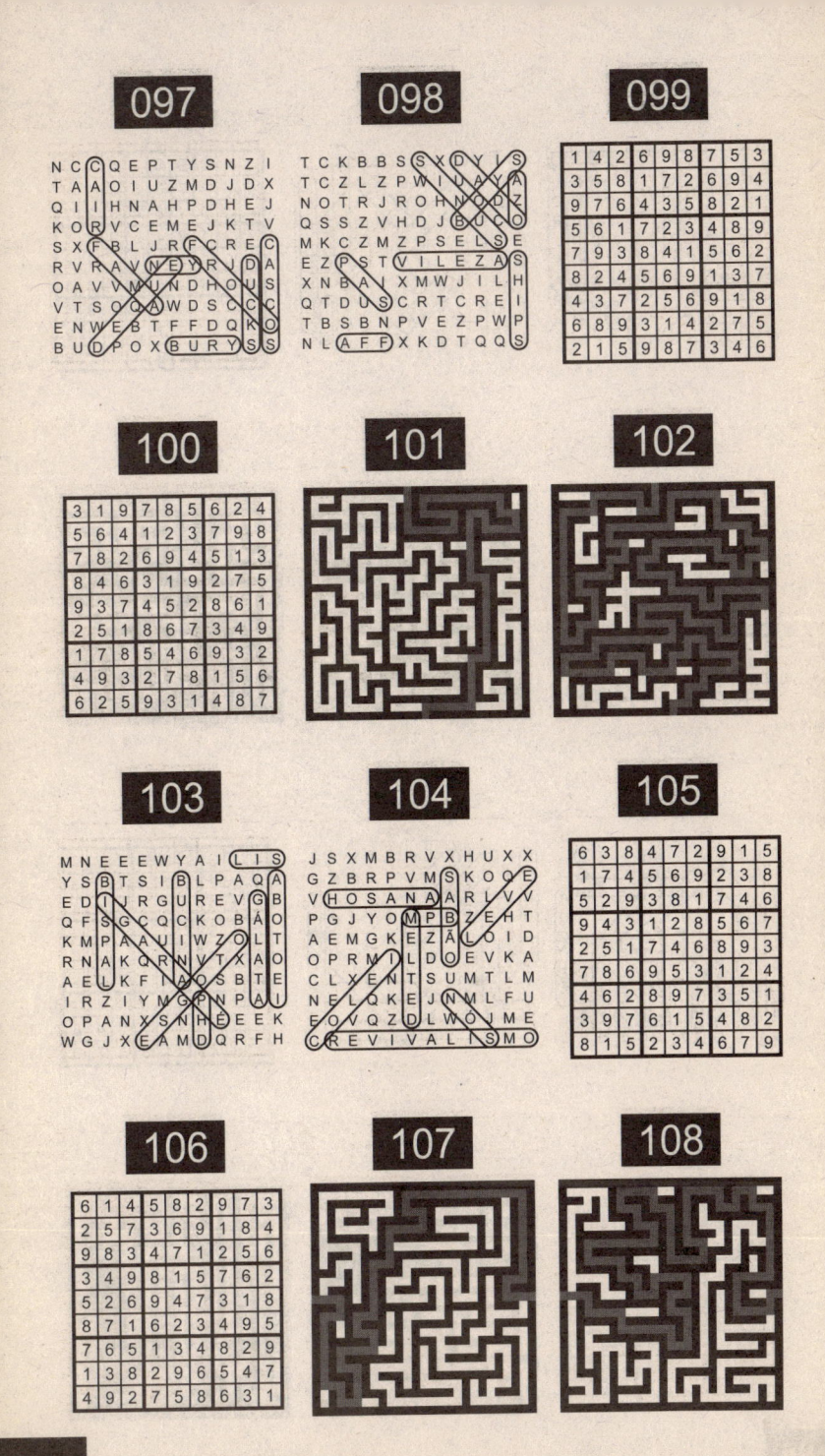

```
N C C Q E P T Y S N Z I
T A A O I U Z M D J D X
Q I I H N A H P D H E J
K O R V C E M E J K T V
S X F B L J R F C R E C
R V R A V N E Y R J D A
O A V V M U N D H O U S
V T S O C A W D S C C C
E N W E B T F F D Q K O
B U D P O X B U R Y S S
```

098

```
T C K B B S S X D Y I S
T C Z L Z P W I J A Y A
N O T R J R O H N O D Z
Q S S Z V H D J B U C O
M K C Z M Z P S E L S E
E Z P S T V I L E Z A S
X N B A I X M W J I L H
Q T D U S C R T C R E I
T B S B N P V E Z P W P
N L A F F X K D T Q Q S
```

099

1	4	2	6	9	8	7	5	3
3	5	8	1	7	2	6	9	4
9	7	6	4	3	5	8	2	1
5	6	1	7	2	3	4	8	9
7	9	3	8	4	1	5	6	2
8	2	4	5	6	9	1	3	7
4	3	7	2	5	6	9	1	8
6	8	9	3	1	4	2	7	5
2	1	5	9	8	7	3	4	6

100

3	1	9	7	8	5	6	2	4
5	6	4	1	2	3	7	9	8
7	8	2	6	9	4	5	1	3
8	4	6	3	1	9	2	7	5
9	3	7	4	5	2	8	6	1
2	5	1	8	6	7	3	4	9
1	7	8	5	4	6	9	3	2
4	9	3	2	7	8	1	5	6
6	2	5	9	3	1	4	8	7

103

```
M N E E E W Y A I L I S
Y S B T S I B L P A Q A
E D I N R G U R E V G B
Q F S G C Q C K O B A O
K M P A A U I W Z O L T
R N A K O R N V T X A O
A E L K F I A O S B T E
I R Z I Y M G P N P A U
O P A N X S N H E E E K
W G J X E A M D Q R F H
```

104

```
J S X M B R V X H U X X
G Z B R P V M S K O C E
V H O S A N A A R L V V
P G J Y O M P B Z E H T
A E M G K E Z A L O I D
O P R M I L D O E V K A
C L X E N T S U M T L M
N E L Q K E J N M L F U
E O V Q Z D L W O J M E
C R E V I V A L S M O
```

105

6	3	8	4	7	2	9	1	5
1	7	4	5	6	9	2	3	8
5	2	9	3	8	1	7	4	6
9	4	3	1	2	8	5	6	7
2	5	1	7	4	6	8	9	3
7	8	6	9	5	3	1	2	4
4	6	2	8	9	7	3	5	1
3	9	7	6	1	5	4	8	2
8	1	5	2	3	4	6	7	9

106

6	1	4	5	8	2	9	7	3
2	5	7	3	6	9	1	8	4
9	8	3	4	7	1	2	5	6
3	4	9	8	1	5	7	6	2
5	2	6	9	4	7	3	1	8
8	7	1	6	2	3	4	9	5
7	6	5	1	3	4	8	2	9
1	3	8	2	9	6	5	4	7
4	9	2	7	5	8	6	3	1

109

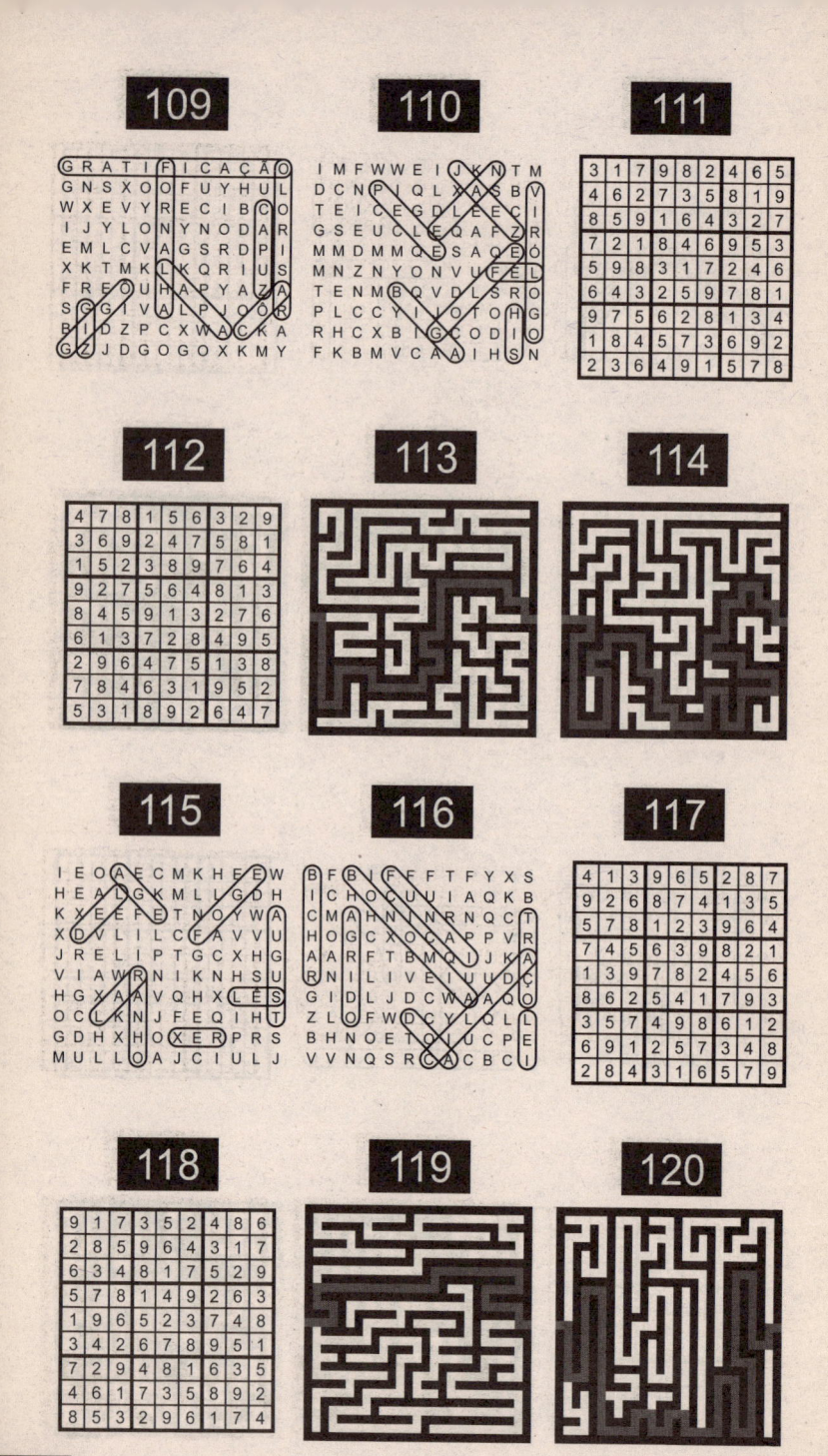

```
G R A T I F I C A Ç Ã O
G N S X O O F U Y H U L
W X E V Y R E C I B C O
I J Y L O N Y N O D A R
E M L C V A G S R D P I
X K T M K L K Q R I U S
F R E O U H A P Y A Z A
S G I V A L P J O O R
B I D Z P C X W A C K A
G Z J D G O G O X K M Y
```

110

```
I M F W W E I J K N T M
D C N P I Q L X A S B V
T E I C E G D L E E C I
G S E U C L E Q A F Z H
M M D M M Q E S A Q E Ó
M N Z N Y O N V U F E L
T E N M B Q V D L S R O
P L C C Y I O T O H G
R H C X B I G C O D I O
F K B M V C A A I H S N
```

111

3	1	7	9	8	2	4	6	5
4	6	2	7	3	5	8	1	9
8	5	9	1	6	4	3	2	7
7	2	1	8	4	6	9	5	3
5	9	8	3	1	7	2	4	6
6	4	3	2	5	9	7	8	1
9	7	5	6	2	8	1	3	4
1	8	4	5	7	3	6	9	2
2	3	6	4	9	1	5	7	8

112

4	7	8	1	5	6	3	2	9
3	6	9	2	4	7	5	8	1
1	5	2	3	8	9	7	6	4
9	2	7	5	6	4	8	1	3
8	4	5	9	1	3	2	7	6
6	1	3	7	2	8	4	9	5
2	9	6	4	7	5	1	3	8
7	8	4	6	3	1	9	5	2
5	3	1	8	9	2	6	4	7

115

```
I E O A E C M K H E E W
H E A L G K M L L G D H
K Y E E F E T N O Y W A
X D V L I L C F A V V U
J R E L I P T G C X H U
V I A W R N I K N H S U
H G X A A V Q H X L É S
O C L K N J F E Q I H T
G D H X H O X E R P R S
M U L L O A J C I U L J
```

116

```
B F B I F F F T F Y X S
I C H O C U U I A Q K B
C M A H N I N R N Q C T
H O G C X O C A P P V R
A A R F T B M Q I J K A
R N I L I V E I U U D C
G I D L J D C W A A Q O
Z L O F W D C Y L Q L L
B H N O E T O I U C P E
V V N Q S R C A C B C I
```

117

4	1	3	9	6	5	2	8	7
9	2	6	8	7	4	1	3	5
5	7	8	1	2	3	9	6	4
7	4	5	6	3	9	8	2	1
1	3	9	7	8	2	4	5	6
8	6	2	5	4	1	7	9	3
3	5	7	4	9	8	6	1	2
6	9	1	2	5	7	3	4	8
2	8	4	3	1	6	5	7	9

118

9	1	7	3	5	2	4	8	6
2	8	5	9	6	4	3	1	7
6	3	4	8	1	7	5	2	9
5	7	8	1	4	9	2	6	3
1	9	6	5	2	3	7	4	8
3	4	2	6	7	8	9	5	1
7	2	9	4	8	1	6	3	5
4	6	1	7	3	5	8	9	2
8	5	3	2	9	6	1	7	4

121

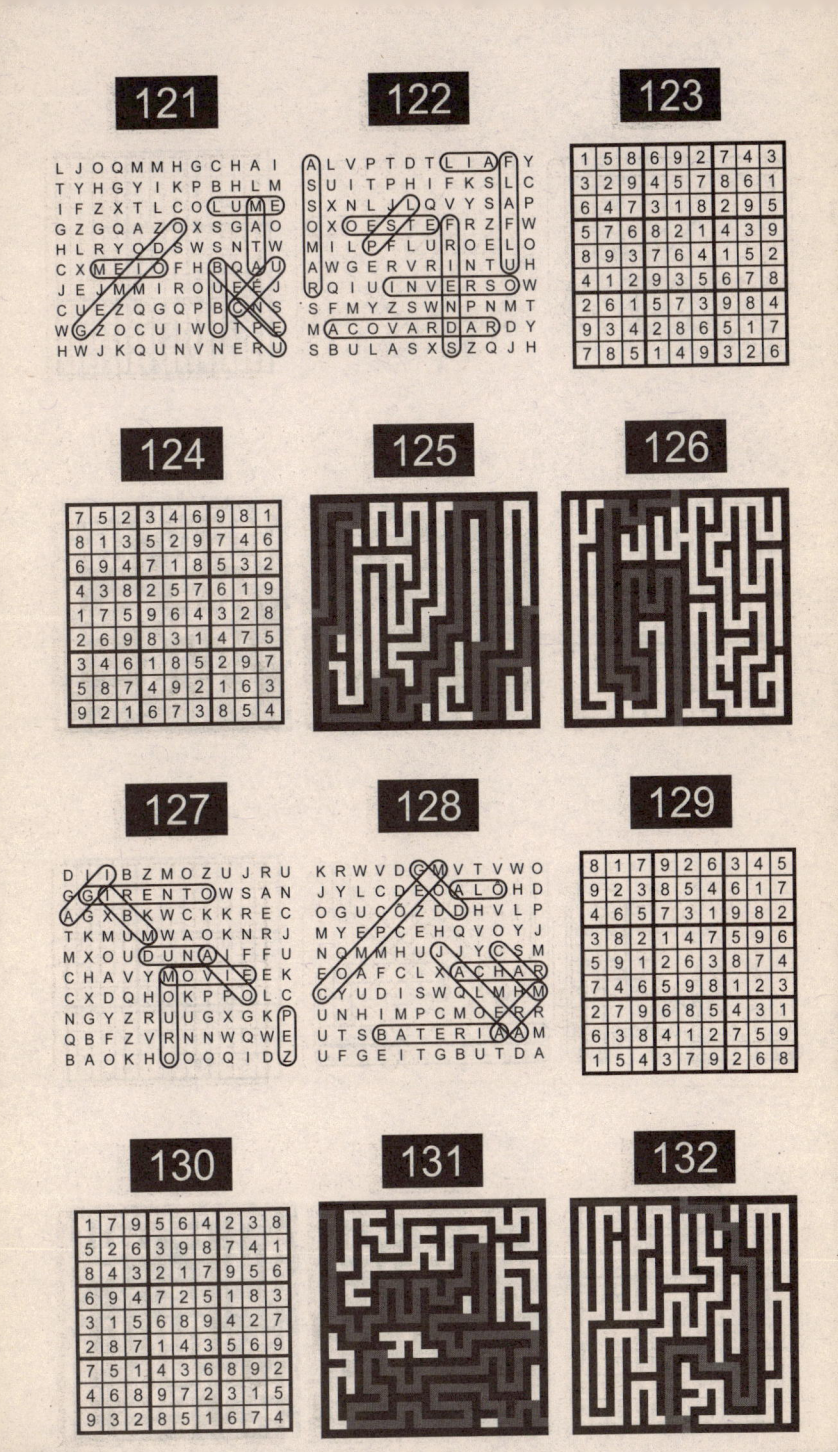

```
L J O Q M M H G C H A I
T Y H G Y I K P B H L M
I F Z X T L C O L U M E
G Z G Q A Z O X S G A O
H L R Y O D S W S N T W
C X M E I O F H B O A U
J E J M M I R O U E X E
C U E Z Q G Q P B C N S
W G Z O C U I W O T P E
H W J K Q U N V N E R U
```

122

```
A L V P T D T L I A F Y
S U I T P H I F K S L C
S X N L J D Q V Y S A P
O X O E S T E F R Z F W
M I L P F L U R O E L O
A W G E R V R I N T U H
R Q I U I N V E R S O W
S F M Y Z S W N P N M T
U M A C O V A R D A R D Y
S B U L A S X S Z Q J H
```

123

1	5	8	6	9	2	7	4	3
3	2	9	4	5	7	8	6	1
6	4	7	3	1	8	2	9	5
5	7	6	8	2	1	4	3	9
8	9	3	7	6	4	1	5	2
4	1	2	9	3	5	6	7	8
2	6	1	5	7	3	9	8	4
9	3	4	2	8	6	5	1	7
7	8	5	1	4	9	3	2	6

124

7	5	2	3	4	6	9	8	1
8	1	3	5	2	9	7	4	6
6	9	4	7	1	8	5	3	2
4	3	8	2	5	7	6	1	9
1	7	5	9	6	4	3	2	8
2	6	9	8	3	1	4	7	5
3	4	6	1	8	5	2	9	7
5	8	7	4	9	2	1	6	3
9	2	1	6	7	3	8	5	4

127

```
D L I B Z M O Z U J R U
G G R E N T O W S A N
A G X B K W C K K R E C
T K M U M W A O K N R J
M X O U D U N A F F U
C H A V Y M O V I E E K
C X D Q H O K P P O L C
N G Y Z R U U G X E P
Q B F Z V R N N W Q W E
B A O K H O O O Q I D Z
```

128

```
K R W V D C M V T V W O
J Y L C D E O A L O H D
O G U C O Z D D H V L P
M Y E P C E H Q V O Y J
N C M M H U J Y C S M
E O A F C L X A C H A R
C Y U D I S W Q L M H M
U N H I M P C M O E R R
U T S B A T E R I A A M
U F G E I T G B U T D A
```

129

8	1	7	9	2	6	3	4	5
9	2	3	8	5	4	6	1	7
4	6	5	7	3	1	9	8	2
3	8	2	1	4	7	5	9	6
5	9	1	2	6	3	8	7	4
7	4	6	5	9	8	1	2	3
2	7	9	6	8	5	4	3	1
6	3	8	4	1	2	7	5	9
1	5	4	3	7	9	2	6	8

130

1	7	9	5	6	4	2	3	8
5	2	6	3	9	8	7	4	1
8	4	3	2	1	7	9	5	6
6	9	4	7	2	5	1	8	3
3	1	5	6	8	9	4	2	7
2	8	7	1	4	3	5	6	9
7	5	1	4	3	6	8	9	2
4	6	8	9	7	2	3	1	5
9	3	2	8	5	1	6	7	4

133

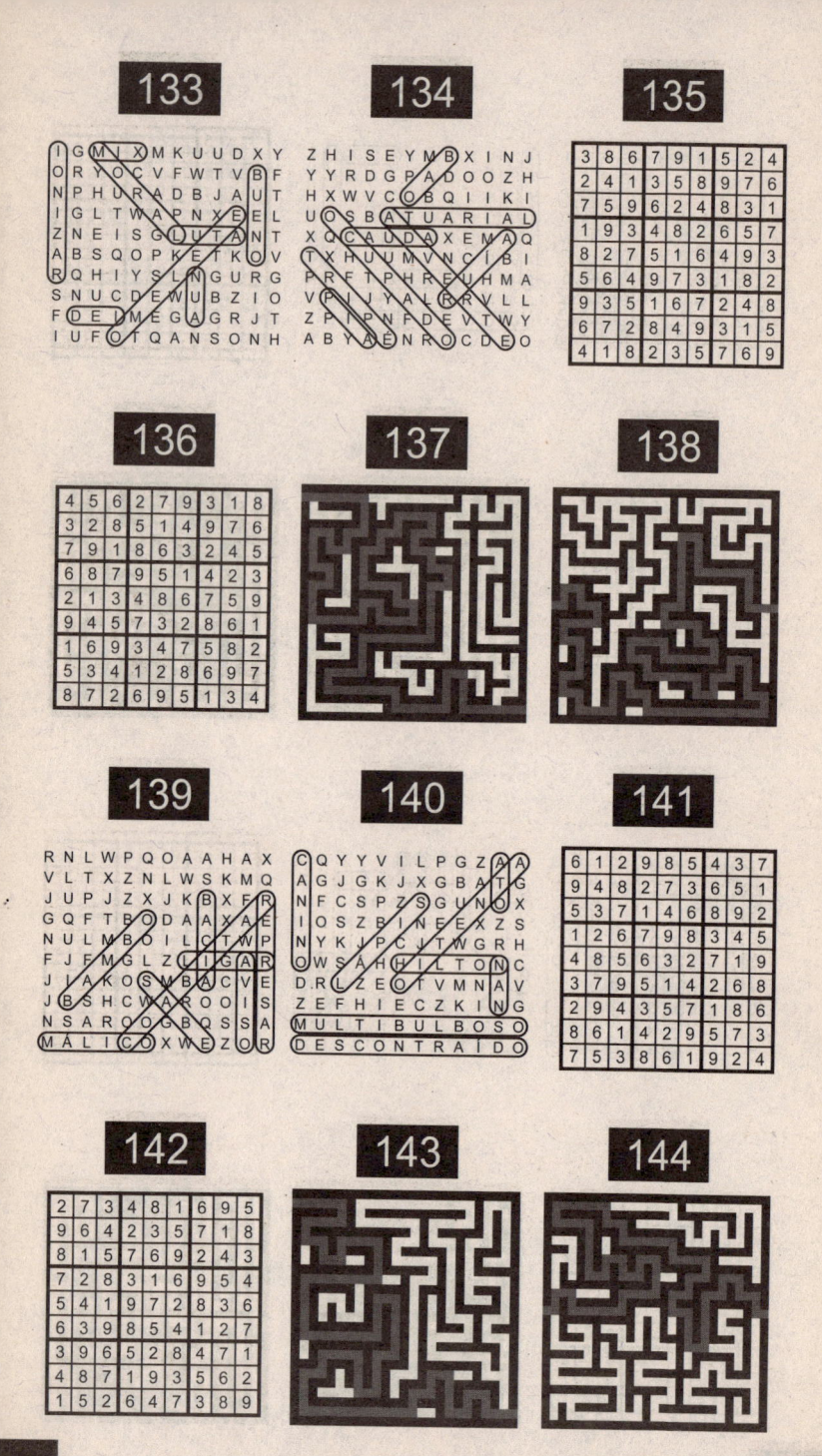

```
I G M I X M K U U D X Y
R Y O C V F W T V B F
N P H U R A D B J A U T
I G L T W A P N X E E L
Z N E I S G L U T A N T
A B S Q O P K E T K O V
R Q H I Y S L N G U R G
S N U C D E W U B Z I O
F O E D M E G A G R J T
I U F O T Q A N S O N H
```

134

```
Z H I S E Y M B X I N J
Y Y R D G P A D O O Z H
H X W V C O B Q I I K I
U O S B A T U A R I A L
X Q C A U D A X E M A Q
T X H U U M V N C I B I
P R E T P H R E U H M A
V P I J Y A L R R V L L
Z P I P N F D E V T W Y
A B Y A E N R O C D E O
```

135

3	8	6	7	9	1	5	2	4
2	4	1	3	5	8	9	7	6
7	5	9	6	2	4	8	3	1
1	9	3	4	8	2	6	5	7
8	2	7	5	1	6	4	9	3
5	6	4	9	7	3	1	8	2
9	3	5	1	6	7	2	4	8
6	7	2	8	4	9	3	1	5
4	1	8	2	3	5	7	6	9

136

4	5	6	2	7	9	3	1	8
3	2	8	5	1	4	9	7	6
7	9	1	8	6	3	2	4	5
6	8	7	9	5	1	4	2	3
2	1	3	4	8	6	7	5	9
9	4	5	7	3	2	8	6	1
1	6	9	3	4	7	5	8	2
5	3	4	1	2	8	6	9	7
8	7	2	6	9	5	1	3	4

139

```
R N L W P Q O A A H A X
V L T X Z N L W S K M Q
J U P J Z X J K B X F R
G Q F T B O D A A X A E
N U L M B O I L C T W P
F J F M G L Z I G A R
J I A K O S M B A C V E
J B S H C W A R O O I S
N S A R O O G B O S S A
M Á L I C O X W E Z O R
```

140

```
C Q Y Y V I L P G Z A
A G J G K J X G B A T G
N F C S P Z S G U N O X
I O S Z B I N E E X Z S
N Y K J P C J T W G R H
O W S A H I L T O N C
D R L Z E O T V M N A V
Z E F H I E C Z K I N G
M U L T I B U L B O S O
D E S C O N T R A Í D O
```

141

6	1	2	9	8	5	4	3	7
9	4	8	2	7	3	6	5	1
5	3	7	1	4	6	8	9	2
1	2	6	7	9	8	3	4	5
4	8	5	6	3	2	7	1	9
3	7	9	5	1	4	2	6	8
2	9	4	3	5	7	1	8	6
8	6	1	4	2	9	5	7	3
7	5	3	8	6	1	9	2	4

142

2	7	3	4	8	1	6	9	5
9	6	4	2	3	5	7	1	8
8	1	5	7	6	9	2	4	3
7	2	8	3	1	6	9	5	4
5	4	1	9	7	2	8	3	6
6	3	9	8	5	4	1	2	7
3	9	6	5	2	8	4	7	1
4	8	7	1	9	3	5	6	2
1	5	2	6	4	7	3	8	9

145

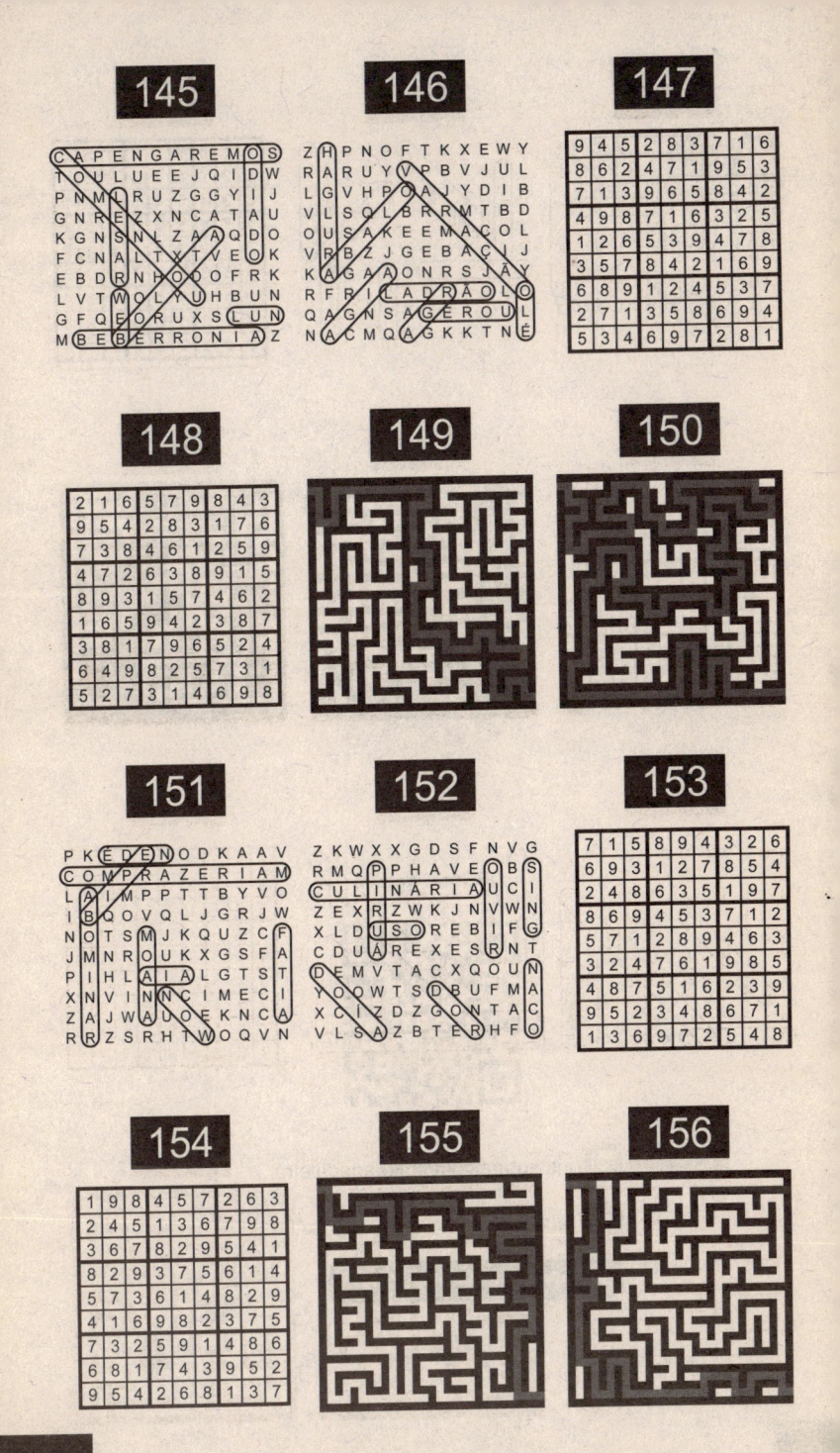

```
C A P E N G A R E M O S
T O U L U E E J Q I D W
P N M L R U Z G G Y I J
G N R E Z X N C A T A U
K G N S N L Z A A Q D O
F C N A L T X T V E O K
E B D R N H O D O F R K
L V T W O L Y U H B U N
G F Q E O R U X S L U N
M B E B E R R O N I A Z
```

146

```
Z H P N O F T K X E W Y
R A R U Y V P B V J U L
L G V H P O A J Y D I B
V L S O L B R R M T B D
O U S A K E E M A C O L
V R B Z J G E B A C I J
K A G A A O N R S J A Y
R F R I L A D R A O L O
Q A G N S A G E R O U L
N A C M Q A G K K T N E
```

147

9	4	5	2	8	3	7	1	6
8	6	2	4	7	1	9	5	3
7	1	3	9	6	5	8	4	2
4	9	8	7	1	6	3	2	5
1	2	6	5	3	9	4	7	8
3	5	7	8	4	2	1	6	9
6	8	9	1	2	4	5	3	7
2	7	1	3	5	8	6	9	4
5	3	4	6	9	7	2	8	1

148

2	1	6	5	7	9	8	4	3
9	5	4	2	8	3	1	7	6
7	3	8	4	6	1	2	5	9
4	7	2	6	3	8	9	1	5
8	9	3	1	5	7	4	6	2
1	6	5	9	4	2	3	8	7
3	8	1	7	9	6	5	2	4
6	4	9	8	2	5	7	3	1
5	2	7	3	1	4	6	9	8

151

```
P K E D E N O D K A A V
C O M P R A Z E R I A M
L A I M P P T T B Y V O
I B Q O V Q L J G R J W
N O T S M J K Q U Z C F
J M N R O U K X G S F A
P I H L A I A L G T S T
X N V I N N C I M E C I
Z A J W A U O E K N C A
R R Z S R H T W O Q V N
```

152

```
Z K W X X G D S F N V G
R M Q P P H A V E O B S
C U L I N A R I A U C I
Z E X R Z W K J N V W N
X L D U S O R E B I F G
C D U A R E X E S R N T
D E M V T A C X Q O U A
Y O O W T S O B U F M C
X C I Z D Z G O N T A O
V L S A Z B T E R H F O
```

153

7	1	5	8	9	4	3	2	6
6	9	3	1	2	7	8	5	4
2	4	8	6	3	5	1	9	7
8	6	9	4	5	3	7	1	2
5	7	1	2	8	9	4	6	3
3	2	4	7	6	1	9	8	5
4	8	7	5	1	6	2	3	9
9	5	2	3	4	8	6	7	1
1	3	6	9	7	2	5	4	8

154

1	9	8	4	5	7	2	6	3
2	4	5	1	3	6	7	9	8
3	6	7	8	2	9	5	4	1
8	2	9	3	7	5	6	1	4
5	7	3	6	1	4	8	2	9
4	1	6	9	8	2	3	7	5
7	3	2	5	9	1	4	8	6
6	8	1	7	4	3	9	5	2
9	5	4	2	6	8	1	3	7

157

```
T L Z C R U C I A L D F
N Z L B E Z T X X N T E
V A R Z E A A P E P D S
U E D B X X B O L S O T
X T I F I S N U G C C I
I D H X B C E I S G D M
Q I H T I H G T M X F O
V M C M R K A P T J E U
J K Y R C N R V M X J X
U Z U Y I U P F Q H Y U
```

158

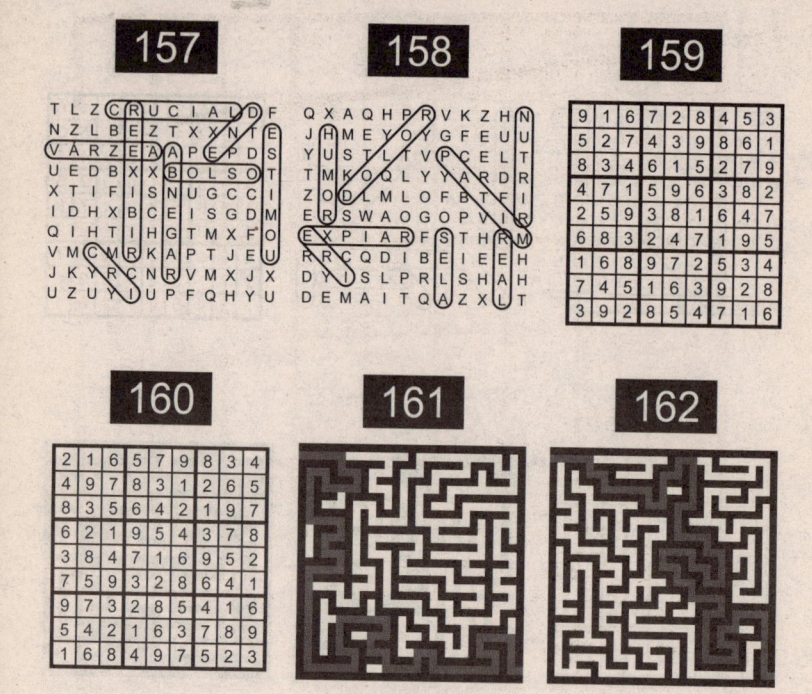

```
Q X A Q H P R V K Z H N
E J H M E Y O Y G F E U
Y U S T L T V P C E L T
T M K O Q L Y Y A R D R
Z O D L M L O F B T F I
E R S W A O G O P V I R
E X P I A R F S T H R M
R R C Q D I B E I E E H
D Y I S L P R L S H A H
D E M A I T Q A Z X L T
```

159

9	1	6	7	2	8	4	5	3
5	2	7	4	3	9	8	6	1
8	3	4	6	1	5	2	7	9
4	7	1	5	9	6	3	8	2
2	5	9	3	8	1	6	4	7
6	8	3	2	4	7	1	9	5
1	6	8	9	7	2	5	3	4
7	4	5	1	6	3	9	2	8
3	9	2	8	5	4	7	1	6

160

2	1	6	5	7	9	8	3	4
4	9	7	8	3	1	2	6	5
8	3	5	6	4	2	1	9	7
6	2	1	9	5	4	3	7	8
3	8	4	7	1	6	9	5	2
7	5	9	3	2	8	6	4	1
9	7	3	2	8	5	4	1	6
5	4	2	1	6	3	7	8	9
1	6	8	4	9	7	5	2	3

QRCode website

instagram.com/editorapedaletra/

facebook.com/EdPeDaLetra/

www.editorapedaletra.com.br